Qui c'est, ce garçon ?

NICOLE DE BURON

Nicole de Buron

Qui c'est, ce garçon?

Éditions J'ai lu

1

C'est LUI.
Cette certitude vous foudroie.

Vous étiez paisiblement en train de lire votre journal du soir. Autant qu'on puisse lire paisiblement un journal par ces temps troublés. Après une journée où vous aviez réussi à faire la moitié des choses marquées *urgent* sur votre liste. Ecrit les trois quarts d'un article promis pour le lendemain. (Vous espérez une illumination cette nuit pour le terminer à l'aube.) Couru au supermarché. Oublié d'acheter les poireaux. Retourné. Promené le chien Roquefort. Rangé le monstrueux désordre familial. Passé l'aspirateur. Mal. (Vous détestez.) Mangé un œuf dur (vous détestez aussi mais c'est vite avalé). Echangé trente-six coups de téléphone. Et enfin décidé de vous accorder cinq divines minutes de tranquillité avant le retour agité de votre chère petite famille. Le récit tumultueux des tortures infligées à votre fille cadette par les profs/bourreaux de l'Education nationale. Le récit coléreux des tortures infligées à l'Homme par des fonctionnaires sadiques de la Direction générale des impôts. Le récit impitoyable des malheurs du monde entier détaillés par les présentateurs-troncs des informations télévisées. Bref, la vie-qui-court-qui-court de tous les jours.

Bruit de la porte d'entrée qui s'ouvre violemment. Allons bon ! Qui rentre déjà ? Votre petit repos égoïste n'aura pas duré le temps d'un arc-en-ciel. Porte qui se referme à la volée. Vlan ! Et, immédiatement, le cri du bébé mammifère : MAMAAAAANNNNN !!!

Vous adorez cet appel qui remue une joie primitive au fond de vos tripes maternelles.

Vous piaillez, en retour, le cri de reconnaissance de la mère mammifère : OUIIIIIIII !!!

La porte du salon s'ouvre.

Petite Chérie passe la tête.

Une tête chafouine.

Cela vous frappe immédiatement.

— Y a Marc qu'est là…

Vous distinguez derrière elle une vague silhouette. Marc ? Quel Marc ?

Un Marc ! Comme il y a un Michel, deux Nicolas, trois Jean-Philippe.

Le dénommé Marc entre. Immense, très maigre, blanc comme un ver de pomme, une curieuse coiffure — des cheveux rasés sur les côtés mais une longue mèche désordonnée lui recouvrant le front et même le nez. Et d'étonnantes petites lunettes noires toutes rondes cerclées de cuir. Est-ce un extra-terrestre ou le dernier de la tribu des Comanches ?

Mais vous êtes une mère de famille qui en a vu d'autres. Vous souriez bravement. Le Comanche vous serre mollement la main avec une expression crispée (les mères, quelle plaie !) sur son visage pâle aux trous noirs à la place des yeux.

— Marc a ses résumés d'histoire, précise Joséphine avec fébrilité. On va préparer notre compo.

Le Comanche pousse un grognement. Tiens, il parle français.

— Je passais par là, marmonne-t-il.

Ah ? Il passait comme ça devant votre porte, avec ses résumés d'histoire dans sa poche. Mais rien ne doit vous étonner de la tribu des Vers-de-pomme-comanches-aux-lunettes-noires.

— Formidable ! vous exclamez-vous avec l'enthousiasme d'une mère découvrant sa fille soudain soucieuse d'apprendre une Histoire de France où elle mélange gaillardement Richelieu (le père des chaussures) et Voltaire (l'inventeur des fauteuils).

Joséphine et le Comanche sortent précipitamment de votre salon (les mères, une minute, ça va. Trois, c'est trop !). Et vont s'enfermer dans la chambre de Petite Chérie.

Et votre tranquillité d'âme explose en mille morceaux.

Petite Chérie est amoureuse.

Evident. Même pour la mère que vous êtes, aussi dépourvue d'intuition qu'une patate.

Jamais votre cadette adorée ne se donne le mal d'expliquer la présence dans votre appartement d'un Michel, de deux Nicolas, de trois Jean-Philippe. Ils vont et viennent, voilà tout, comme le reste de la Bande.

La Bande.

Troupeau d'adolescents — pardon, d'*ados* mâles et femelles entre quinze et dix-huit ans, aux tenues étranges, au langage souvent incompréhensible, aux rites bizarres, qui se promènent dans vos couloirs, votre cuisine et la chambre de votre petite dernière à toute heure du jour et de la nuit.

Eléments de base : les deux copines bien-aimées de Joséphine depuis la maternelle, Stéphanie et Laurence. Quand Petite Chérie n'est pas chez elles, elles sont chez vous. Enfermées en conclave dans le sanctuaire ô combien en désordre où règne votre cadette. S'il vous arrive de pénétrer dans la pièce, vous trouvez les trois jeunes créatures vautrées comme des odalisques sur le lit, en train de chuchoter. Ou de glousser en lisant leurs horoscopes dans vos chers magazines féminins. Ou serrées devant la glace du lavabo, essayant avec passion les produits de beauté que Joséphine achète par kilos (tout son argent de poche y passe) à votre femme de ménage qui passe aussi l'aspirateur dans une usine de cosmétiques où elle obtient des prix dont elle fait profiter votre cadette. Vous pensez souvent qu'en cas d'incendie la seule chose que Petite Chérie sauverait serait sa trousse de maquillage.

Quand vous entrez dans le repaire où se tapit votre fille, vous frappez humblement à la porte. Immédiatement, les conversations s'arrêtent. Stéphanie et Laurence viennent vous embrasser avec gentillesse. Mais attendent impatiemment que vous repartiez pour reprendre avec Petite Chérie leurs interminables conciliabules secrets.

Depuis un an, les deux demoiselles ont pris l'habitude de passer leurs fins de semaine chez vous, évitant ainsi d'accompagner leurs familles à la campagne où l'on s'embête ferme, paraît-il. Après des discussions orageuses, leurs parents ont fini par céder. Ne pouvaient pas traîner tous les week-ends avec eux des Martyres du Bon Air. Leurs nerfs ont craqué.

Les jeunes personnes dorment donc à trois, entassées sur le grand divan déplié de Joséphine. Ou, plutôt, elles parlent, elles parlent, elles parlent. Comme si elles ne s'étaient pas vues tous les jours de la semaine.

S'il vous arrive, à l'Homme ou à vous, d'aller boire un verre d'eau à la cuisine à n'importe quelle heure de la nuit, vous entendez leur bourdonnement d'abeilles fabriquant de la parole.

L'Homme s'indigne.

— Elles devraient dormir à cette heure-là !

— Absolument.

— Pourquoi ne leur dis-tu pas ?

— Parce que cela ne servirait à rien. Mais vas-y, toi !

L'Homme se dégonfle.

— Mais qu'est-ce qu'elles peuvent bien avoir à se dire ?

Ça, vous vous le demandez souvent. D'autant plus que, lorsque le trio ne babille pas chez vous ou à l'école, il jacasse au téléphone.

Le soir, à peine le dîner terminé, épuisée, dit-elle, par son effroyable journée à l'école, Petite Chérie se jette — avec un brusque entrain retrouvé — sur l'appareil. Pour raconter ses plus intimes secrets à

Stéphanie qu'elle a quittée il y a à peine trois heures. Elle raccroche pour que Laurence puisse la rappeler et lui confier les siens. Malheur si le téléphone sonne pour vous ! La mine crispée de votre cadette adorée vous fait comprendre qu'elle a des messages de la plus haute importance à délivrer dans l'appareil que vous occupez.

Votre seule consolation a été d'apprendre que vous n'étiez pas la seule mère dans ce cas. Une de vos amies, pourvue de trois filles, a dû demander aux P.T.T. une deuxième ligne téléphonique. Personne ne pouvant l'appeler entre 5 h 30 et 11 heures du soir. Son mari devait régulièrement télégraphier : « Raccrochez immédiatement. Stop. Dois parler à votre mère au sujet du dîner. »

Une fois, vous avez fermement fait observer à Petite Chérie que ses conversations téléphoniques duraient trop longtemps. Mal vous en a pris. Elle vous a fait remarquer que les vôtres avec Fille Aînée se prolongeaient souvent plus d'une heure.

Vrai.

Vous avez plaidé votre cause. Vous voyez rarement Fille Aînée aussi occupée que vous et peu visiteuse de sa famille. Vous avez donc des choses importantes à vous dire. Par contre, de quoi diable Joséphine et ses copines peuvent-elles bien papoter inlassablement au long des journées et des nuits ?

Cette question a mis Petite Chérie en fureur :

— Pourquoi tu me demandes ça ? s'est-elle exclamée avec l'agressivité d'une jeune lionne à qui on tenterait d'arracher une dent sans anesthésie.

— Pour rien ! Pour rien ! avez-vous balbutié précipitamment.

— On parle de tout, si tu veux savoir, a-t-elle précisé, hautaine. Musique, politique, l'école, la vie en général, tout, quoi !

Douée comme vous l'êtes d'un esprit soupçonneux, vous pensez plutôt qu'elles parlent des garçons.

Parce que depuis un an (tiens, cela correspond au moment où Stéphanie et Laurence ont commencé à refuser de bêcher le jardin en compagnie de leurs papas) la Bande des Trois s'est agrandie d'éléments masculins.

Cela s'est fait si naturellement que vous n'avez même pas vu venir le coup.

Simplement, un après-midi, vous avez trouvé dans votre cuisine un jeune individu coiffé d'un curieux petit chapeau et portant un manteau trop long sur des pantalons trop courts. Il décapsulait avec calme un coca-cola devant votre réfrigérateur ouvert. Il vous a saluée gracieusement puis a continué à boire sans plus s'occuper de vous.

Ensuite deux autres sont apparus près de votre télévision. Avec des casquettes d'officier anglais et des blousons d'aviateur. Désormais, une demi-douzaine d'*ados* inconnus hante votre *appart*.

Ces juvéniles représentants du sexe mâle présentent tous un point commun.

Ils n'ont pas de nom de famille.

Du moins, vous n'arrivez jamais à le connaître.

Au début vous avez essayé.

— Qui c'est, ce garçon? (Avec une mèche de cheveux décolorée en rose,... une petite natte en forme de queue de rat... ou des bretelles portées négligemment sur les fesses?)

— Heu! c'est Maurice.

— Maurice qui?

— Comment ça, Maurice qui?

— Il a bien un nom de famille?

— Ouais..., peut-être..., mais j' le connais pas.

— Je croyais qu'il était dans ta classe?

— Ouais..., il est dans ma classe.

— Arrête de dire « ouais » s'il te plaît. Le mot français est « oui ».

— Ouais, ouais..., enfin, oui, bon! Si tu y tiens!

— On ne vous appelle pas par vos noms de famille à l'école?

— Non. Si. Chais pas. Jamais fait attention. De

toute façon, qu'est-ce que ça peut te faire de connaître son nom de famille ou pas?

— Cela m'intéresserait.

— Ça alors! Et pourquoi?

Oui, pourquoi? Comment avouer à Petite Chérie qu'un esprit rétro comme le vôtre, avec une solide hérédité terrienne, est bourré de préjugés tels que savoir le nom de famille d'un individu vous donne l'impression qu'il n'est plus tout à fait un étranger. Idiot, c'est évident. Vous vous contentez donc désormais de dire poliment bonjour quand on vous présente un Michel, deux Nicolas, trois Jean-Philippe.

Mais vous avez essayé — assez sournoisement, vous le reconnaissez — de prendre votre revanche au téléphone.

— Allô! demande une voix juvénile mâle, Joséphine est là?

— Non! Elle n'est pas encore rentrée.

Voix juvénile mâle (mécontente) : Ah bon!

Vous (sautant sur l'occasion) : C'est de la part de qui?

Voix juvénile mâle (après un net instant d'hésitation) : Pierre.

Vous (lourdement) : Pierre... comment?

Voix juvénile mâle (franchement indignée : les mères, quel enfer!) : Pierre... de son école..., elle saura!

Et clac! Pierre raccroche au nez de votre curiosité. Alors vous avez eu une idée parfaitement abominable.

2e voix juvénile mâle : Allô! Est-ce que je peux parler à Joséphine?

Vous (doucereuse) : Pas là! C'est de la part de qui?

2e voix juvénile mâle (indignée à son tour) : Bernard...

Vous : QUEL Bernard?

Votre voix faussement candide sous-entend que la vie de votre fille bien-aimée est peuplée de Bernard. Le malheureux, au supplice à l'idée de donner son nom de famille (qu'il a peut-être oublié à force de ne pas s'en servir), bredouille quelque chose que, du reste, vous n'écoutez pas. Et clac! vous raccrochez la première. Triomphante. Naturellement, vous n'avez jamais osé avouer à Joséphine quelle affreuse espèce de mère elle avait.

En revanche, vous livrez un combat sans merci depuis le jour où Petite Chérie vous a annoncé qu'elle était invitée le samedi suivant à une « boum ». Je t'ai déjà dit, maman, que « boum » est *ringard*. Maintenant on va à des « soirées »... Ah bon! Mais c'est la même chose? Ouais, si tu veux.

Vous : Chez qui, cette soirée?

Joséphine : Guillaume.

Vous (décidément obstinée) : Guillaume qui?

Joséphine (effondrée d'avoir une mère aussi demeurée, quelle misère!) : Mais *Guillaume!* Tu le connais! C'est celui qui porte toujours des creeps à dessins orange.

Vous : Des quoi?

Joséphine : Des espèces de baskets à semelles épaisses, voyons!

Vous : J'ai une mauvaise habitude. Je regarde la figure des gens, pas leurs pieds.

Joséphine (qui trouve que la conversation s'éternise) : Alors, je peux y aller, samedi, chez Guillaume?

Vous (discutant oiseusement pour vous permettre de réfléchir si votre fille de quinze ans et demi peut aller à une soirée samedi chez un Guillaume inconnu malgré ses « creeps ») : Qui y va?

Joséphine : Stéphanie, Laurence et TOUTE la classe.

Vous : Bon, d'accord, à condition que je connaisse le nom, l'adresse, le téléphone de ce Guillaume et l'heure à laquelle tu rentreras.

Joséphine blêmit.

— Comment veux-tu que je sache tout ça?

Vous (implacable) : Pour aller chez lui, tu es bien

obligée de savoir son nom et son adresse, tout de même !

Joséphine (embêtée) : C'est-à-dire qu'en fin de compte la soirée va peut-être avoir lieu chez un de ses copains que je ne connais pas.

Vous (de plus en plus implacable) : Tu n'iras pas chez quelqu'un dont je ne connais ni le nom-ni-l'adresse-ni-le-téléphone et si je ne sais pas l'heure-à-laquelle-tu-rentreras.

Joséphine est effondrée.

— Ben alors, tant pis, je resterai à la maison toute seule ! s'exclame-t-elle douloureusement.

Vous ne répondez pas. Vous continuez à râper le gruyère des spaghettis avec une fausse indifférence.

— J'ai la mère la plus réac de Paris, observe Petite Chérie, au fond de la dépression.

Au début, cette accusation vous a transpercé le cœur. Etre une mère « réac », quelle honte ! Puis vous vous êtes aperçue que celles de Stéphanie et Laurence affrontaient le même problème. Alors vous avez fait un pacte secret. Vous seriez les trois marâtres les plus « réacs » de Paris. Un grand malheur pour vos adolescentes brimées. Mais, comme vous l'avez fait remarquer à Petite Chérie, qui n'a pas son handicap dans la vie ?

Ce qui vous permet les soirs de boums, pardon de soirées, d'avoir sur votre table de nuit un petit papier de Joséphine écrit avec son orthographe si particulière (merci, merci, l'Education nationale !) : « Je suis ché Olivier Durand, tél... adresse... et je reviendré avec Stéphanie et Laurence par le premié métro... »

L'heure du retour vous a longtemps posé des problèmes. Au début, l'Homme tenait à aller rechercher sa précieuse cadette lui-même. Mais le réveiller à 1 heure du matin était un exercice de force qui vous empêchait de vous rendormir de toute la nuit. D'autre part, le moment où le Père ensommeillé passait prendre livraison de son héritière ne convenait jamais. Soit la soirée était *nulle*, et il était accueilli par une Petite Chérie et ses copines (qu'il ramenait dans la foulée) maussades et qui l'accusaient d'avoir trop tardé. Soit la soirée était *super*, et les créatures ne voulaient absolument pas rentrer.

— C'est toujours quand on commence à s'amuser que tu viens nous chercher, criaient-elles avec la plus grande mauvaise foi. On va tous en boîte maintenant ! Y a un copain qu'a une copine qui est à la porte du Palace et qui nous laissera entrer.

— Pas question, Joséphine, tu es trop jeune pour aller dans les boîtes de nuit. Je te l'interdis.

Le Père ramenait alors une guêpe en furie.

— J'en ai marre ! Je vais me barrer de cette maison !

— C'est ça ! Et avec quel fric vivras-tu, petite malheureuse ?

— Vous z-avez que le mot fric à la bouche !

— On sait, on est de sales bourgeois !

Les discussions suivies de bouderies empoisonnaient tellement la vie familiale que vous avez fini par accepter un compromis. Les jeunes demoiselles danseraient ou dormiraient sur des chaises — ou même par terre — jusqu'à l'heure du premier métro. Ce qui vous permet désormais de voir arriver à l'aube une adolescente hagarde, à la robe froissée, qui s'effondre dans son lit jusqu'à 5 heures de l'après-midi, heure sacrée des devoirs du lundi. Vous attendez avec impatience le moment où les garçons de la Bande auront l'âge de conduire l'automobile (dite *la caisse*) de leur papa. Et où vous ne pourrez pas dormir, songeant au pourcentage élevé des jeunes victimes d'accidents de voiture.

Parfois, des éléments étrangers mâles tentent de s'introduire dans la Bande. Un jour, en faisant des courses sur les Champs-Elysées, vous avez vu, à votre effroi, Petite Chérie embrasser un groupe d'Iroquois tatoués et bardés de chaînes de vélo (quatre baisers sur les joues de chaque Iroquois).

— C'est des copains, avait-elle répondu calmement à

vos questions effarées, t'en fais pas, ils sont pas méchants.

Vous, vous les imaginez plutôt vous arrachant votre sac le soir, dans le métro.

— Mais comment les connais-tu ?

— Ben, on s'est parlé un jour que je me promenais sur les Champs avec Stéphanie et Laurence.

— Ma biche, on ne parle pas comme ça aux gens qu'on ne connaît pas, surtout s'ils ont des têtes de voyous.

La biche vous regarde avec une stupéfaction mêlée de dédain.

— Ce que tu es snob ! Il faut au contraire parler à tout le monde. C'est comme ça qu'on connaît des gens nouveaux et la vie. Du reste, tu m'as toujours raconté que tu avais rencontré papa dans un train.

— Ton père ne traînait pas dans le train avec un immense plumet de cheveux orange, le visage maquillé à la Dracula et des épingles de nourrice dans les oreilles.

— C'est pas de leur faute... S'il n'y avait pas le chômage...

Vous doutez fortement que les jeunes brutes que vous avez entrevues se soient jamais souciées de se rendre tous les jours dans une usine ou un bureau. Mais peut-être avez-vous des préjugés de classe de bourgeoise bornée et égoïste ?

Néanmoins, la bourgeoise bornée et égoïste fait appel à ce qui lui reste d'autorité pour interdire ab-so-lu-ment à sa fille (tu-m'entends-Joséphine ?) d'aller voir les loubards en question dans leur cave de banlieue où ils *s'éclatent*, paraît-il, en écoutant de la musique planante et psychédélique. A votre avis, sur des transistors volés, en buvant de la bière volée et en violant des filles à l'occasion.

Vous n'entendez plus parler des punks. Vous n'attribuez pas cette victoire à votre influence maternelle. Mais à la police que les *ados* mâles de la Bande exercent contre tout étranger essayant de pénétrer dans le troupeau. Les savants ont démontré l'importance du territoire pour les jeunes buffles. De même qu'ils en ont décrit les habitudes auxquelles vous avez fini par vous habituer.

Sauf une.

Celle de s'entasser non dans une cave de banlieue mais dans la chambre de Petite Chérie.

Vous avez beau vous raisonner, votre nature « réac » frémit sourdement. Quand vous aviez l'âge de Petite Chérie — c'est-à-dire à des années-lumière —, les garçons n'entraient pas dans une chambre de jeune fille, temple sacré de sa virginité.

Maintenant ils s'y enferment pendant de longues heures. Joyeusement serrés les uns contre les autres, dans l'extraordinaire désordre qui fait rassembler la tanière de votre petite dernière à un souk en folie.

Vous n'avez pu vous empêcher de le lui faire remarquer :

— Tu ne peux pas recevoir tes copains dans ta chambre… heu…, surtout avec ton lit défait, tes affaires qui traînent partout, y compris des soutiens-gorge accrochés aux lampes.

— Si tu voyais leur gourbi, réplique Petite Chérie, c'est pire.

Vous ne pouvez pas le croire.

Et d'abord, comment le sait-elle ?

Vous téléphonez à votre amie Sophie, mère de deux filles.

— Qu'est-ce que tu fais, toi, quand ta Bande, jeunes mâles inclus, s'engouffre dans la chambre de ta petite dernière et s'y calfeutre pendant des heures ?

— Eh bien…, rien ! répond-elle. Je sais ce que tu ressens. Mais quand j'en ai parlé à Julie, elle m'a insultée. Il paraît que j'étais une dégoûtante qui ne pensait qu'à ÇA, qui n'avait pas confiance en elle, qui n'était pas branchée, etc. Bref, désormais je m'écrase. C'est vrai que les adolescents de maintenant vivent groupés en troupeau, filles et garçons, depuis la maternelle. Quant au désordre, aucun de ceux que je connais ne sait ramasser un jean.

Mais c'est plus fort que vous. Vous essayez de convoyer votre Horde à vous vers le salon. Et ses points d'eau. C'est-à-dire de coca-cola. Sans succès. Dès qu'ils ont bu — précipitamment —, les jeunes buffles se ruent vers leur pâturage naturel : la chambre de Joséphine. Où ils broutent des chips, des samedis entiers, en écoutant avec ravissement l'invraisemblable tapage de leur musique adorée.

Alors, vous avez eu une idée.

Vous avez loué un magnétoscope, pris un abonnement au vidéo-club le plus proche et encouragé Petite Chérie à lancer des vidéo-parties. Enthousiasme général. La Bande s'est entassée enfin dans votre living, baskets, creeps ou Westons sur vos fauteuils — mais vous n'alliez pas *flipper* pour des détails aussi mesquins —, et vous avez triomphé.

Jusqu'au moment où vous avez réalisé votre erreur.

Pas question pour vous de regarder aussi les films. Vous l'avez compris le jour où, désirant voir le fameux *Exorciste,* passion de Joséphine, vous êtes entrée dans votre propre salon. Huit paires d'yeux interloqués et huit bouches ouvertes de stupeur vous ont fait comprendre que votre place n'était pas avec le troupeau. Vous avez couru vous cacher dans votre chambre. Où l'Homme, plus sage, s'était déjà replié et lisait son journal.

— Je crois, soupirez-vous, que je ferais mieux de faire des économies sur les côtelettes d'agneau et de me louer une deuxième télé.

— Cela te fera beaucoup de bien de lire et de ne pas regarder ces idioties, dit l'Homme qui est contre l'audiovisuel. (Il a tendance à s'endormir devant le poste et ne s'aperçoit pas à son réveil que vous avez changé de film en cours de route.)

Mais son sang-froid dure peu. Car les jeunes buffles fument comme des sapajous. Et l'Homme qui a arrêté de tirer sur le clope pousse des mugissements de taureau furieux quand, la Horde repartie, il pénètre dans son salon sentant la Marlboro froide.

— Je t'interdis à toi et à tes copains de fumer chez MOI, tonne le Père.

— Tu es un fasciste ! sanglote Petite Chérie qui a, on le notera, un langage très politisé.

— Moi, un fasciste ? hurle l'Homme que les hauts faits de son papa dans la Résistance rendent pointilleux sur le problème.

Vous ne vous mêlez pas de la violente discussion qui suit. Vous avez déjà eu la même plus souvent qu'à votre tour avec Fille Aînée. Et puis vous préférez l'odeur de la Marlboro froide à celle du H. Vous espérez simplement que l'une ne recouvre pas l'autre. Vous vous contentez d'ouvrir les fenêtres et de regarder le film du dimanche soir en blouson de ski, sous une couverture.

Autre inconvénient du vidéo-film : il donne soif. Dès qu'il est terminé, la Bande se rue dans votre cuisine pour y boire tout ce qui est buvable. Sauf l'eau du robinet. Qui a un goût atroce, comme chacun sait. Le coca part en quelques minutes, y compris la réserve camouflée dans votre caddy. Un pirate avec deux poils sur le menton, des manchettes de dentelle et un anneau d'or dans l'oreille se révèle un spécialiste du jus d'oranges fraîches qu'il presse à la chaîne. Il n'en restera pas une seule pour le petit déjeuner de l'Homme le lendemain. Et vous n'avez jamais pu mettre la main sur l'individu qui crève vos bouteilles de lait de telle façon que le précieux liquide en jaillit à la ronde où personne ne l'éponge. Quant aux alcools (bière, vin, whisky, vodka, prunes à l'eau-de-vie de votre mère), il y a longtemps que vous les avez cachés dans votre placard à chaussures.

Oui, maintenant que vous y réfléchissez, là, sur votre canapé, vous réalisez que, depuis quelques semaines, votre appartement est déserté par les jeunes mâles de la

Bande. N'y traînent désormais que Stéphanie et Laurence.

Et, tout à coup, ce Ver-de-pomme-comanche-aux-lunettes-noires...

D'autres indices auxquels vous n'aviez pas prêté attention vous sautent aux yeux.

D'abord, et le plus incroyable de tous, Petite Chérie part le matin pour l'école *en avance*. Inouï quand on a eu comme vous le privilège d'assister aux réveils effroyablement douloureux de votre fille cadette. Il y a quelques années, débordante de tendresse maternelle, vous entrebâilliez la porte de sa chambre en murmurant de votre voix la plus douce : « Petite Chérie, c'est l'heure ! » Un grognement haineux vous répondait. Puis plus rien. Dix minutes de silence total. Craignant une colle pour retard en classe, vous repassiez la tête. Même ton fondant d'hôtesse de l'air : « Petite Chériiiiiie, tu vas être en retaaard ! » Gémissement de douleur, digne d'une femme en gésine, sortant de dessous un fouillis de couvertures.
Cela affectait tellement votre système nerveux de tendre l'oreille pour guetter si oui ou non quelque chose bougeait dans la chambre de l'héroïne et de vous retenir d'aller lui arracher ses couvertures en hurlant : « Debout im-mé-dia-te-ment, feignasse ! » que vous avez, un beau jour, averti votre princesse que vous renonciez à vous occuper de son petit lever. La dépression vous guettait. Vous avez acheté un réveil américain qui répète inlassablement sur la table de nuit, d'une voix de robot nasillard : *It is seven o'clock..., it is seven past one. Quick, get up ! It is seven past two... QUICK !* Jusqu'à ce que Petite Chérie, exaspérée, mais ayant appris quelques mots d'anglais au passage, du moins vous l'espérez, se jette dessus pour l'arrêter.
Pendant ce temps, vous lisez paisiblement votre journal en buvant votre thé et en écoutant les informa-

tions. Vous avez rajeuni de dix ans. L'Homme est parti comme un fou dès l'aube pour son usine qui a peut-être disparu pendant la nuit.

Vous savez néanmoins que Petite Chérie ne s'arrache avec désespoir de son lit adoré qu'au dernier moment et dérive comme un animal marin vers le lavabo. Pour se maquiller. Minutieusement. Après quoi, elle s'habille en jetant tous les vêtements de son armoire par terre où la plupart resteront. Puis vous l'entendez courir en tous sens (ça y est, elle est en retard), enfourner dans sa besace des cahiers et des livres — qui ne sont pas les bons — et se ruer sur la porte de l'appartement en hurlant :

— 'ce soir !

Sans prendre le jus d'orange et les tartines grillées que vous lui avez maternellement préparés.

Vous bramez de votre lit :

— Joséphiiiiiiine ! Tu ne peux pas aller en classe sans manger quelque chose...

Un cri vous parvient du deuxième étage :

— 'pas le temps !

Vous pouvez parier qu'elle est habillée de vêtements inconnus empruntés à ses copines qui, elles, vont et viennent dans les robes de votre fille. Voilà encore quelque chose qui vous énerve diablement. Cette manie des adolescentes d'échanger leurs affaires. Bon, d'accord, vous savez que c'est mesquinerie et compagnie de votre part. Mais chacun doit assumer le poids de ses défauts. L'un des vôtres est de détester la course-aux-courses. Et vous avez hérité d'une fille qui, cas unique, paraît-il — mais il faut que cela tombe sur vous —, tient absolument à ce que vous l'accompagniez, le samedi après-midi, dans les grands magasins. L'enfer. Vous avez bien essayé lâchement de lui donner l'argent en lui faisant remarquer qu'elle était assez grande pour choisir désormais ses fringues toute seule. Ou avec ses copines plus branchées mode.

— Non, non, ma maman, toi seule peux me dire ce qui me va, insiste la perverse petite créature.

Qui sait très bien que vous vous culpabilisez à la moindre occasion de ne pas être la femme-parfaite-qui-fait-tout-bien-pour-ses-chéris. Alors, dans le cadre de « Soyons-une-mère-idéale », vous traînez vos samedis après-midi dans les boutiques, derrière votre adolescente radieuse.

Vous avez cru trouver une échappatoire en envoyant l'Homme à votre place. Qui, lui, curieusement, adore faire des courses. Pas le marché, bien sûr. Ça, ce n'est pas acheter mais se livrer à des tâches ménagères incompatibles avec la virilité du chef de tribu. Mais le Père est enchanté d'être chargé d'habiller sa petite dernière adorée. Vous aimez mieux ne pas imaginer ce que Freud en penserait. D'ailleurs, vous emmerdez Freud. On n'est jamais à l'abri avec lui des soupçons sexuels les plus éhontés, même lorsqu'il s'agit de choisir des yaourts au Prisu. Malheur à vous s'ils sont à la noix de coco et non à la banane. Ou vice versa. (De toute façon, regret du pénis, c'est évident !)

Donc, l'Homme part. Ravi.

Vous encore plus. Vous vous offrez en douce une séance de cinéma.

Le retour, le soir, est moins brillant. Père et fille reviennent fourbus et hargneux. Les grands magasins, le samedi, quel enfer ! Non ? Vous feignez l'étonnement, la compassion. Les deux compères ont acheté quantité de trucs totalement inutiles. Par exemple, si Petite Chérie avait un besoin impérieux de chaussures, elle revient avec une blouse d'été en broderie anglaise. Ou une affreuse cape de cocher en plastique vert.

— Au nom du ciel, Joséphine, qu'est-ce que c'est que cette horreur ?

— C'est papa qui a absolument voulu m'acheter cette cochonnerie, marmotte Petite Chérie entre ses dents.

— Original, non ? dit l'Homme, très fier de lui.

— Absolument ! jurez-vous sans sourciller.

Vous n'allez pas vous flanquer une scène conjugale sur les bras pour une cape de cocher en plastique vert.

Que Joséphine se débrouille avec son papa, hein, Mister Freud ?

— Et les chaussures ?

De chaussures, point. Cela n'amusait pas le Père d'acheter des chaussures.

C'est vous qui serez de corvée de godasses, le samedi suivant. Et, pendant que vous y êtes, pourquoi pas une jupe de Cacharel, un chandail de Benetton, un Lewis 501, une écharpe indienne, hein, ma maman ? Je n'ai plus rien à me mettre. Toutes mes vieilles affaires sont trop petites.

Bref, votre cadette se retrouve avec une garde-robe digne de Lady Di. Elle danse de joie. Vous saute au cou. Merci, merci, ma maman.

Après quoi, la jeune personne n'a rien de plus pressé que de prêter ses « fringues divines » à ses copines, en échange de leurs vieux jeans délavés et de leurs sweat-shirts déformés dont les manches lui recouvrent les mains jusqu'aux ongles.

— Ils ont un look très mode, tu ne trouves pas ?

— Mais, Joséphine, où est ton ravissant chandail en angora rose de la semaine dernière ?

— Ah ! je l'ai prêté à Stéphanie, elle en est *folle !*

— Comment ça ? Je ne l'ai pas acheté pour Stéphanie mais pour toi ! Justement pour que tu ne te promènes pas en jean délavé et sweat-shirt déformé… !

— T'inquiète pas, elle va me le rendre.

— Et ton blouson de cuir ?

— Il me serre un peu.

Le blouson de cuir, c'est Georges qui le porte. Vous ne le reverrez jamais. Sauf sur le dos de Georges. A qui il va très bien, merci.

Fille Aînée vous avait déjà fait le coup. Elle a essayé de vous ruiner en vêtements de peau, style indien, qui habillaient superbement sa copine anglaise, June. Jusqu'au jour où, manquant d'argent pour visiter l'Espagne en stop, elle a tout vendu aux Puces de Montreuil pour trois francs six sous. Mais cela est une autre histoire. Ou plutôt, non, c'est une histoire qui recommence.

Or, depuis quelques semaines — vous le réalisez brusquement —, Joséphine entre dans votre chambre, à l'heure de votre thé matinal, dans ses propres vêtements. Elle sait pourtant que vous détestez que l'on vous dérange dans votre méditation à ce moment-là. Mais l'affaire est d'importance.

— Est-ce que tu crois que je peux mettre cette ceinture mauve sur cette robe à carreaux rose ?

Hein ? Quoi ?

— Oui, oui, mon trésor, marmonnez-vous, le nez dans votre revue de presse, c'est ravissant. Mais n'oublie pas de te laver les dents.

Même plongée dans les éditos les plus ardus, une mère reste une mère avec des réflexes de mère.

Petite Chérie fonce dans sa chambre. Vous aurait-elle écoutée ? Non. Elle revient, toujours en transe.

— Et si je m'habillais tout en noir avec des bottes rouges ?

— Divin, mon amour, mais n'oublie pas ton écharpe (en hiver).

L'écharpe est votre obsession. Vous avez hérité de deux filles qui adorent se promener par des températures polaires en offrant leurs gorges nues à la bise. De façon à rentrer le soir avec une angine.

Or, qui dit angine dit créature fiévreuse, hargneuse, à la voix cassée, au nez enchifrené. Et cela une fois par semaine, tous les hivers, depuis vingt ans. Vous faites pratiquement vivre la pharmacie du coin grâce à vos achats permanents de sirops, suppos, badigeons, inhalations, cataplasmes, petits bonbons au miel... Alors, tous les matins, sauf en plein été, mais sans aucun espoir, vous dites : « Mets-une-écharpe-ma-chérie. »

— Arrête, il fait beau ! s'exclame votre fille, ignorant superbement la neige qui tombe à gros flocons.

— Non, il neige ! Prends au moins un parapluie.

— Ça va pas ? J'aurais l'air d'une vieille ! Et puis tu sais bien que je les perds.

Vous soupirez. Angine, ce soir.

Mais aujourd'hui, ô miracle inquiétant, Petite Chérie accepte l'écharpe sans discuter (elle l'enlèvera dans l'escalier). Refait deux ou trois allées et venues dans votre chambre pour s'inspecter minutieusement dans la glace à trois faces — la seule de la maison. Où vous avez le bonheur d'apercevoir votre petit double menton et votre croupe de solide Percheronne. Ce qui vous déprime. Pourquoi n'êtes-vous pas un de ces flexibles roseaux qu'on voit à chaque page des magazines féminins ? Vous promettez votre clientèle à vie à toute marque utilisant Rubens pour sa publicité.

Le dernier passage de Petite Chérie est parfumé. D'un très bon parfum. Meilleur que le vôtre. Petite Chérie se ruine en senteurs exquises — toujours par l'intermédiaire de la femme de ménage.

— Tu en as mis beaucoup trop, reniflez-vous peu gracieusement, tu vas asphyxier toute ton école.

Trop tard. Petite Chérie s'est envolée sur son nuage de parfum. Embaumant l'immeuble jusqu'à l'entresol.

— Joséphine ! Ton petit déjeuner !

Le nuage de parfum est déjà dans la rue.

Vous regardez l'heure. Vous n'en croyez pas vos yeux. Petite Chérie est partie en classe avec une demi-heure d'avance.

Maintenant, vous comprenez pourquoi.

Elle a rendez-vous avec le Comanche au café en face de l'école. Où ils dévorent tous les deux une montagne de croissants avant le cours de maths.

Vous tentez de vous réconforter en songeant qu'au moins maintenant votre adolescente se nourrit le matin.

En revanche, si elle part plus tôt, Joséphine rentre plus tard le soir. Beaucoup plus tard. Vous avez protesté, innocente que vous étiez :

— Tu sais bien que j'ai horreur que tu traînes dans la rue à la sortie de l'école.

— Je ne traîne pas, maman ! Je travaille au café avec les copains.

Devant une si vertueuse attitude, que peut dire une mère soucieuse de voir sa progéniture passer son bac un jour ou l'autre ? Rien. Vous ne dites rien. Le mot travail est sacré chez vous. Cependant, un soir, vous avez tenté de vous insurger. Faiblement :

— Mais pourquoi au café ? Vous seriez tous bien mieux chez l'un ou l'autre d'entre vous.

Les yeux de Petite Chérie sont pleins de commisération pour votre incompréhension (les mères, quelles tartes !).

— Au café, on est TOUS. Même les profs. Et, quand il y a une question qu'on ne comprend pas, ils nous filent un coup de main.

Vous ne demandez qu'à croire que Petite Chérie fait d'épatantes études à la Chope auvergnate, penchée laborieusement sur ses cahiers, en compagnie d'autres têtes blondes travailleuses, tandis qu'un membre sympathique de l'Education nationale vient les aider, un verre de Vichy à la main. Bien sûr, par instants, votre mauvaise nature vous incline à soupçonner que tous ces adolescents sont entassés autour d'une minuscule table de bistrot — sans le moindre livre ou cahier —, hurlant de rire, fumant comme des fous (petit Jésus, faites que ce soit du bon tabac cancérigène américain et non du H) tandis que les profs, dans un autre coin, discutent de leurs prochaines vacances devant un pastis ou jouent au flipper en grommelant des obscénités.

Du reste, de temps en temps, une phrase échappée à Petite Chérie vous conforte dans cette vision pessimiste :

— Tu ne vas pas le croire (ton indigné), mais on a été virés du café ! Il paraît qu'on faisait trop de chahut. C'est un monde ! Quand on entend le barouf que font les ouvriers du chantier voisin ! Du reste, tout le monde crie dans ce troquet. Y a que les macs qui ne font pas de bruit.

— Les QUI ?

— Ben, les macs arabes. Si tu les voyais, avec leurs pelisses, leurs bagues et leurs bagnoles… Et la façon dont ils traitent les filles, j' t'explique pas !

— Mais qu'est-ce que tu me racontes, Joséphine ? Il y a des putes et des macs dans votre café, en face de l'école ?

— Ben, ouais. Comme dans tous les bistrots du coin ! Remarque, ils sont sympas, les macs, ils empêchent les ouvriers portugais de nous pincer les fesses.

Vous n'avez jamais osé révéler à l'Homme que sa précieuse petite dernière était protégée par des macs arabes contre les entreprises sexuelles des maçons portugais, dans le café en face de l'école très huppée où il lui paie des études fort chères. Vous laissez le Père croire vaguement que sa gracieuse héritière revient le soir à la maison, les yeux baissés, accompagnée d'une duègne habillée de noir.

Désormais, vous devez affronter une effrayante hypothèse : Joséphine rentre très tard parce qu'elle est restée enlacée sauvagement avec le Ver-de-pomme-comanche-aux-lunettes-noires sur la banquette en moleskine de la Chope auvergnate. Peut-être même s'embrassent-ils, comme deux aspirateurs, sous le regard amusé des copains qui en ont vu d'autres. A cette vision, vos dents se serrent, votre estomac se tord, votre esprit se brouille (oui, Sigmund).

Après quoi, Petite Chérie, qui se refuse à porter une montre — suivant ainsi les traces de sa baba de sœur aînée (ce qui ne les a jamais empêchées ni l'une ni l'autre d'être à temps pour le gratin de macaronis) —, sursaute en apercevant l'heure au poignet de l'Elu et bondit dans le métro.

Accompagnée par le Ver-de-pomme.

Vous le saurez ultérieurement par la crémière, le vendeur de journaux, le libraire, le boucher, la concierge, qui ont tous vu naître Joséphine. Tiens, on a aperçu la petite avec un drôle de type qui avait une drôle de chevelure et de drôles de lunettes noires.

Une dernière folle étreinte dans la porte cochère d'à côté. Du moins vous le supposez. A juste titre. La concierge réussira à les surprendre après un mois de guet (Joséphine, veux-tu me faire le plaisir d'aller embrasser ton amoureux dans un autre quartier?).

Et Petite Chérie rentre dans le nid familial, hors d'haleine, l'écharpe renouée en vitesse dans l'escalier.

Cri du bébé mammifère :

— Mamaaaaannnnn ?

— Ouiiiiiiiii !

Maman mammifère a déjà regardé cinquante fois sa montre (car, elle, elle en porte une, en forme de chrono de course). Qu'est-ce qu'elle fait, cette petite ? Il va être l'heure du dîner. L'Homme va rentrer. Et, quand l'Homme apparaît, il aime que ses femmes soient au gynécée en ordre de marche, dîner prêt à servir.

— Joséphine ! Tu es en retard !

— Je saute dans mon bain, répond habilement Petite Chérie pour détourner l'orage.

Elle sait que vous aimez qu'elle se lave. Ayant gardé un souvenir très vif des deux années où Fille Aînée a refusé tout contact avec eau et savon. Et de quitter un seul instant son manteau de mouton de berger grec qui a fini par tomber en poussière autour d'elle.

Petite Chérie, elle, adore se glisser dans des bains moussants aux fragrances les plus diverses — de la pomme verte à la vanille et au magnolia —, dans une salle de bains toute électricité éteinte mais éclairée par des bougies parfumées, disposées autour de la baignoire. Un fond de musique sur lecteur de cassettes. Et Petite Chérie flotte voluptueusement dans un songe à demi éveillé.

La première fois que vous êtes entrée dans cette caverne embaumée aux lueurs tremblotantes dans la vapeur chaude, vous avez poussé un hurlement de terreur. Une cérémonie vaudou chez vous ?

— Mais non, je me détends les nerfs, a répondu paisiblement Joséphine.

Vous n'avez rien trouvé à lui répondre. Inutile de lui dire qu'à son âge vous preniez votre bain de pensionnaire avec une chemise longue dans une eau glacée. C'était il y a des siècles.

Désormais, Joséphine a à peine le temps d'allumer ses bougies au santal que le téléphone sonne.

C'est le Comanche. (Maintenant, vous le savez.)

Pas possible. Il doit appeler de la cabine du coin de la rue. Vous ouvrez la bouche pour lui demander de rappeler un peu plus tard. Après les ablutions de Petite Chérie. Mais celle-ci a jailli de son bain vaudou et apparaît dans le salon ruisselante d'eau comme une otarie et vaguement entourée d'une serviette qui n'est pas la sienne (chez vous, tous les membres de la famille se sont vu attribuer une couleur pour leur linge de toilette mais il n'y a que vous pour respecter ce détail mesquin). Elle vous arrache le téléphone comme un braqueur la caisse de la B.N.P. et fonce dans sa chambre, tirant derrière elle le fil qui se prend dans le pot aux parapluies qui tombe. La serviette aussi. L'Otarie crie : « Merde ! » à elle-même, à vous : « T'en fais pas, c'est rien ! » et rentre dans sa tanière — où une mare se forme sur la moquette — tout en continuant sa conversation : « Non ! Oh ! Oh ! Attends ! Je ne peux pas encore te parler... »

Et la porte de la chambre claque.

L'Homme arrive à cet instant. Revenant majestueusement de son temple, enfin son usine. Il a commencé à lire son journal dans l'ascenseur. Il ne remarque pas la serviette trempée abandonnée dans l'entrée par l'Otarie. Où est sa fille ? demande-t-il sans quitter son article des yeux. Pour vous, il *sait*. Bien qu'il n'ait à aucun moment posé la question. Vous *êtes* dans la cuisine en train de préparer le dîner. Quelquefois la tentation vous démange de vous cacher dans le placard à balais et de voir au bout de combien de temps l'Homme réaliserait que vous avez abandonné votre poste et quelle serait sa réaction. Probablement de se diriger calmement vers la pizzeria du coin, toujours en compagnie de son journal, absolument pas inquiet de votre disparition attribuée non à un possible accident mais à une lubie féminine. Dans vos jours de grogne, vous décidez de vous faire remplacer par une autre femme pour voir quand votre époux s'apercevrait de la substitution. Peut-être jamais. En attendant cette fascinante expérience, vous criez gaiement :

— Ta fille est dans sa chambre en train de téléphoner toute nue.

Si vous espériez que l'Homme demanderait avec surprise : « Pourquoi toute nue ? » vous en êtes pour vos frais. L'Homme n'a écouté que le début de votre phrase. Cela lui suffit. Son petit monde est là. Parfait.

Vous allez frapper à la porte de Petite Chérie.

— Tu voudrais, s'il te plaît, ranger la salle de bains et mettre le couvert du dîner ?

— Je dois raccrocher immédiatement, crie hystériquement Joséphine dans le téléphone comme si vous aviez braqué un pistolet sur sa tempe, je te rappellerai plus tard.

Elle le fera. Trois fois. L'Elu, deux. Plus, entretemps, Stéphanie et Laurence qui doivent être impérativement tenues au courant. De quoi ? Vous n'en savez rien.

A 11 heures du soir, vous menacez de débrancher le téléphone (les mères, quelles marâtres !).

Oui, la lumière vient de frapper enfin votre esprit lent et obtus. Joséphine est folle amoureuse du Comanche de la tribu des Vers-de-pomme-aux-lunettes-noires. A seize ans et demi, c'est parti. Pour :
... le scenic railway de la séduction,
... la navigation agitée sur la Rivière enchantée,
... la Grande Roue de la passion,

... les autos tamponneuses avec les parents
... et les études dans le toboggan.

Entrez ! Entrez ! La séance va commencer.

Dans un premier temps, vous feignez de ne pas vous être aperçue du grand événement. Une mère moderne doit être une guenon qui ne voit rien, n'entend rien, ne dit rien. Si elle veut que son enfant lui fasse quelques confidences.

Ce qui arrive au moment où vous sortez le poulet rôti du four en vous brûlant, comme tous les lundis. Petite Chérie est en train de mettre le couvert sur la table de la cuisine avec un soin particulier. Votre inconscient a vaguement remarqué qu'aujourd'hui elle posait doucement fourchettes et couteaux au lieu de les jeter bruyamment comme si elle s'en débarrassait avec dégoût. Puis elle vient vous embrasser dans le cou. De surprise, vous manquez laisser tomber le poulet rôti sur vos pieds. Non que votre bébé ne soit pas câlin de temps à autre. Mais jamais au moment du poulet rôti. L'explication arrive immédiatement, Petite Chérie étant encore adorablement peu rusée.

— Est-ce que je peux amener Marc à déjeuner demain ? On n'a pas de cours avant 3 heures et, au lieu d'aller à la cantine, ce serait sympa !

Votre cœur fait un bond de joie. Petite Chérie vous marque sa confiance en vous amenant l'Elu, comme une pigeonne son ramier. Votre patience silencieuse est récompensée. Votre curiosité en ébullition.

Le lendemain, vous êtes sur le pied de guerre. Vous n'arrivez pas à vous concentrer sur votre travail. Vous l'abandonnez. A la place, vous courez chez le boucher acheter d'énormes steaks. Vous ne savez pas trop ce que mange un Comanche de la tribu des Vers-de-pomme-aux-lunettes-noires mais, vu sa maigreur et sa pâleur, un peu de viande rouge ne lui fera pas de mal. Vous sortez exceptionnellement votre jolie toile cirée à fleurs. Vous êtes aussi fébrile que si vous receviez la

30

reine d'Angleterre. Plus même. La reine d'Angleterre présente moins d'importance dans votre vie que l'amoureux de Petite Chérie.

Et vous voilà tous les trois à table. C'est vous qui faites les frais de la conversation. Pas facile. Le Comanche possède les traits de sa tribu. Il parle par onomatopées. Ouais. Ouais. Heu. Non. Bof. Bof. Ce qu'il aime, sa vie, sa famille (encore que, détail passionnant, vous appreniez qu'il a un père et une mère), ses études, ses vacances, ses goûts vous restent obstinément obscurs. Il se borne à dévorer votre steak avec une évidente satisfaction (ah! quand même, dans son wigwam on ne doit pas lui en donner d'aussi bons!) et une montagne de frites. Il a gardé ses lunettes noires et désordonne ses cheveux à intervalles réguliers.

Petite Chérie, elle, n'ouvre pas la bouche. Elle couvre son Prince Charmant de regards extasiés, lui passe le pain avec exaltation et vous surveille du coin de l'œil comme une tigresse une vieille antilope. Vous aviez cru qu'elle vous amenait l'Elu pour que vous lui fassiez subir un examen de passage. Non. C'est vous qui le passez. « Dur-dur, les mères, mais la tienne, bon, elle n'est pas trop ringarde. » Quel succès ce serait pour vous!

Malgré votre bonne volonté mondaine, un long silence finit par s'établir. Dans votre cuisine, passent des anges-aux-lunettes-noires-à-la-mèche-sur-le-nez. Vous abattez votre dernier atout. La musique. Rock, bien sûr. Vous avez acquis, au contact de la Bande, quelque vague culture adolescente. Vous savez lancer les noms des derniers groupes à la mode.

— Bof, murmure le Comanche, moi, je suis surtout classique.

— Marc joue du violon, précise Joséphine, la voix tremblante de fierté et d'adoration.

— Comment ça, du violon? Du violon classique?

— Ouais, c'est ça.

— Marc fait des études de violon, répète patiemment Joséphine à son attardée mentale de mère. Pour être violoniste. Classique.

Vous refermez votre bouche précipitamment et tentez d'empêcher vos yeux de rouler dans tous les sens. Et vous vous efforcez de remettre un peu d'ordre dans votre pauvre tête.

Joséphine, qui a remarqué votre trouble, précise avec hauteur :

— Ben oui, quoi ! Bach, Mozart, Brahms et tout.

Vous la regardez. Vous pouvez jurer qu'il y a un mois elle ignorait jusqu'aux noms de Bach, Mozart, Brahms et tout. Malgré les efforts désespérés de l'Homme, grand amateur de musique classique et qui avait rêvé, à la naissance de ses filles, de les emmener à l'Opéra, à la Scala de Milan, au festival de Bayreuth, au Mai florentin, etc. Hélas, peut-être par une rébellion filiale naturelle, Fille Aînée avait opposé aux essais d'initiation paternels presque quotidiens un refus farouche. Joséphine avait suivi. Pis : elle proclamait sa passion pour le rock.

— Mais le rock, ce n'est pas de la musique, hurlait régulièrement l'Homme indigné. Juste du tam-tam barbare.

— Pense ce que tu veux, rétorquait Petite Chérie douloureusement (toujours à son mieux en martyre), toi, tu aimes le classique, moi je suis branchée rock. Chacun son truc.

Prudemment, vous ne vous mêliez pas de ces discussions se terminant par le retrait rageur du Père dans sa chambre dont il claque la porte en criant que le monde est devenu fou.

Une idée loufoque vous traverse la tête pendant que vous bourrez l'Elu de tarte aux pommes (il aime aussi, c'est votre jour de chance).

— Mon mari a deux invitations pour *Aïda*, annoncez-vous. Aimeriez-vous y aller avec Joséphine ?

Sur le visage impassible du Comanche passe une sorte d'émotion.

— Ce serait géant ! s'exclame-t-il.

32

— Géant! répète avec enthousiasme Petite Chérie qui ignore totalement ce que peut bien être *Aïda*.

— Un opéra, lui précisez-vous avec un rien de sadisme.

— Pourquoi j'irais pas voir un opéra? demande-t-elle, dressée sur ses ergots comme une poulette en colère.

Oui, pourquoi? Mais parce que, mon trésor, tu as toujours ricané de ces dames qui brament des ahhhhh et des ohhhhh, la gueule ouverte jusqu'à la glotte. Tu avais même juré... Non, inutile de te rappeler ce que tu avais juré. Tu as changé d'avis, voilà tout. Voilà ce que l'amour fait de nous, toi, moi, les femmes, mon petit cœur.

Le vôtre fond.

Un qui sera bien surpris le soir, c'est l'Homme.

— Ta fille voudrait aller voir *Aïda,* lui criez-vous tandis qu'il est en train de se laver les dents.

— Qui ça? glougloute-t-il.

— Joséphine.

— Qu'est-ce qu'elle veut, Joséphine?

— Assister à la représentation d'*Aïda* pour laquelle tu as deux places.

L'Homme a un hoquet. Il avale de l'eau dentifricée. Et sort de la salle de bains, la bouche entourée de pâte rose.

— Je ne comprends rien à ce que tu me dis!

— Ta fille cadette bien-aimée, J,o,s,é,p,h,i,n,e, désire se rendre à la représentation d'*Aïda,* A,ï,d,a, en compagnie d'un de ses amis de classe.

— Elle est malade? demande l'Homme, soucieux.

— Non. Touchée par la grâce. Elle a un copain violoniste comanche.

L'Homme est furieux.

— Quand je pense que j'ai essayé pendant des années de lui faire découvrir la musique classique, déclare-t-il avec irritation, et qu'il suffit d'un petit merdeux à plume pour qu'elle coure voir *Aïda*.

Il se couche, rabat le drap sur sa figure et s'endort, quittant rageusement ce monde où les petites filles préfèrent d'étranges jeunes crétins à leurs merveilleux papas.

Néanmoins, le soir dit, l'Homme remet au Comanche deux places pour l'Opéra. Il a bien un sursaut d'étonnement devant la tenue de l'Elu : veste noire très épaulée, une pochette orange, des pantalons à pinces, des chaussures-tennis assorties à la pochette et naturellement l'énorme mèche savamment ébouriffée et les éternelles lunettes noires.

Quant à Petite Chérie, elle irradie de bonheur et de parfum. Elle a passé sa journée à se changer, à se maquiller, à vous emprunter de l'argent pour courir chez le coiffeur. Elle n'a rien voulu manger.

Ils s'en vont.

Le Comanche s'est engagé à ramener Joséphine jusque devant votre porte.

Les parents restent seuls. Un peu désemparés.

La mine du Père est sombre.

— Tu penses vraiment qu'il va à l'Opéra, dans cette tenue ?

— Mais il est très bien. Pas de chaînes de vélo. Pas d'épingles de nourrice dans l'oreille. Pas de tatouage « Vive Amin Dada ».

— Tu n'as pas peur que notre fille tombe amoureuse de ÇA ?

L'Homme est si désemparé que vous n'osez ajouter à son inquiétude :

— Bah ! je crois que c'est seulement un bon copain pour l'instant.

— Je ne l'aime pas, dit l'Homme intensément. Il est plus grand que moi.

Et il va se coucher, plein d'amertume.

Le lendemain, dès le réveil de Petite Chérie — aux environs de midi —, vous vous précipitez pour savoir ce qu'elle a pensé d'*Aïda*.

— Classe ! répond-elle calmement.

Vous n'en saurez jamais plus.

Vous avez d'autres chats à fouetter.

Le Comanche a investi votre maison.

Il déjeune dans votre cuisine. Regarde votre télé. Aide votre fille à faire ses devoirs.

Enfermé avec elle dans sa chambre.

Dans le plus grand silence.

Ce silence vous poignarde. Que se passe-t-il derrière cette porte close ? Votre imagination bat la campagne. Vous ne savez quelle attitude adopter. Entrer brusquement dans la pièce ? Et trouver les deux adolescents penchés calmement sur leur livre de français ? Vous aurez l'air de ce que vous êtes : une marâtre bourrée de soupçons déshonnêtes. Pénétrer en trombe et les trouver en train de s'embrasser à perdre haleine ? Que ferez-vous ? Crierez-vous : « Ciel ! ma fille ! Monsieur, sortez ! » Irez-vous jusqu'à gifler la demoiselle ? Impossible. Réservé aux pièces de boulevard.

Du reste, vous-même, oui, vous-même, n'avez-vous pas, adolescente, échangé les baisers les plus fous avec votre premier amour, cachés dans un grenier ? Oui, mais chastement. Comment ça, chastement ? Pas du tout. Mais vous vous êtes contentée d'embrasser. Vous n'avez pas fait l'amour dans votre chambre, à cinq mètres de votre maman. Qu'allez-vous inventer ? Votre petite fille est encore beaucoup trop jeune, voyons, pour… Certes, tous vos chers magazines féminins parlent de rapports sexuels des filles dès l'âge de treize ans. Peut-être pour les *autres*. Pas Petite Chérie.

Les pensées se heurtent comme des billes dans votre tête. Alors, vous avez recours à un stratagème. Pour empêcher les amoureux d'oublier votre présence redoutable — d'après vous —, vous faites du bruit en permanence. Vous tapez sur votre machine à écrire comme une sourde, toutes portes de votre bureau ouvertes. Vous martelez les couloirs avec vos talons. Vous hurlez dans le téléphone à la grande surprise de vos interlocuteurs. Vous chantez même à tue-tête — faux —, ce qui ne vous était pas arrivé depuis l'enfance.

Un jour, vous n'y tenez plus.

Vous entrez dans la chambre de Joséphine après avoir tapé deux coups très vite à la porte. Vous entrez en tapant, voilà, c'est tout.

Et vous trouvez le Comanche de la tribu des Vers-de-pomme-aux-lunettes-noires en train de brosser doucement la longue chevelure de Petite Chérie.

Vous restez clouée sur place.

— J'ai plein de nœuds dans les tifs, explique placidement Joséphine, alors Marc me les enlève.

Le soir, après le départ de l'Elu — qui a tendance à s'enfuir, vous l'avez remarqué, avant l'arrivée de l'Homme —, vous interrogez fiévreusement Petite Chérie :

— Dis-moi, ce garçon te brosse-t-il souvent les cheveux ?

— Ouais, c'est dingue, il adore. Et aussi me faire les ongles et me maquiller.

— Tiens ? C'est bizarre, non, pour un garçon ?

— Ben, pourquoi ? C'est hypersympa !

Vous vous sentez l'âme d'une dame rhinocéros qui aurait mis au monde une chatte siamoise.

Jamais les amoureux de votre jeunesse ni même l'Homme de votre vie ne vous ont coiffée ni maquillée.

Ni téléphoné trois fois par soirée.

Au fait, en y songeant, voilà de longues années que votre époux ne vous appelle plus de son bureau dans la journée comme il en avait l'habitude au début de votre mariage. Juste pour savoir comment vous alliez.

Le soir, vous le faites remarquer à l'Homme. Il vous regarde ébahi.

— Avec le boulot que j'ai, où veux-tu que je trouve le temps de te téléphoner ?

— Tu le trouvais bien autrefois.

— J'avais moins de responsabilités ! Qu'est-ce qui te prend tout d'un coup ? Je t'appellerais si j'avais quelque chose d'important à te dire.

— Peut-être est-ce important de savoir si je t'aime toujours, murmurez-vous d'une voix tremblante.

L'Homme vous considère avec inquiétude.

— Tu ne vas pas me faire une scène de bonne femme ?

— Non, non, mentez-vous précipitamment, car vous en aviez bien l'intention. Mais j'aimerais qu'une fois, rien qu'une fois, tu te demandes si tu me retrouveras le soir.

— Et pourquoi, diable, je ne te retrouverais pas le soir ? interroge votre époux, déconcerté.

— Parce que je peux te quitter.

— Ah bon, tu veux me quitter ? questionne l'Homme calmement (trop calmement, monstre !).

— Non... mais, après tout, ce sont des choses qui arrivent !

— Pas à toi, dit l'Homme en bâillant. Ce n'est pas ton genre.

— Dis tout de suite que je suis une platée de nouilles.

— J'avais raison, tu as *envie* de faire une scène.

— Non, j'ai *envie* de parler calmement et de te demander si tu sais vraiment qui je suis. Ma nature profonde, tu t'en es toujours foutu...

Là, vous êtes en train de hurler carrément.

— C'est parti, gronde votre époux, tu vas m'emmerder avec ton identité féminine. Je te prie de t'arrêter de lire tes journaux féministes et leurs conneries.

— Tu ne m'as jamais brossé les cheveux ! lui reprochez-vous en éclatant en sanglots.

L'Homme est désarçonné.

— Hein ? Que vient faire cette histoire de cheveux ? Vraiment, depuis quelque temps, tu es bizarre. Qu'est-ce que tu as ?

Vous avez que votre petite fille est amoureuse et que vous êtes en pleine panique.

Impossible de l'avouer à l'Homme. Il vous rirait au nez. Ou menacerait d'abattre le séducteur à la carabine. Ou s'effondrerait dans la plus noire dépression. Oui, les réactions du Père sont trop imprévisibles en ce qui concerne sa Petite Chérie pour que vous preniez le risque de lui faire part de vos tourments.

D'autant plus que la vie de Joséphine se déroule apparemment calme et lisse, mis à part la présence du Comanche.

Et ses disparitions du samedi.

Désormais, c'est elle qui va passer l'après-midi chez ses copines. Sous prétexte de voir le dernier film d'horreur américain (du genre où vous vous évanouissez carrément). Ou de faire des courses avec Stéphanie-la-dingue-des-fringues. (Vous n'êtes plus de service, tiens, tiens !)

Faut-il la croire ?

Vous vous y efforcez.

Mais, un samedi après-midi (les mères, ça ne peut pas s'empêcher d'être sournois), vous téléphonez chez Stéphanie pour rappeler à Petite Chérie d'acheter des chaussettes.

— Oh ! répond Stéphanie, la voix un peu tendue, elle vient juste de sortir promener le chien et ma petite sœur. Elle vous rappelle dans cinq minutes.

Comme c'est curieux ! Joséphine a une sainte horreur de balader votre propre corniaud familial. Du reste, vous ne le lui demandez jamais. Car c'est en déambulant un soir avec Roquefort que Fille Aînée a rencontré Monsieur Gendre. Ce qui est absolument inouï quand on songe que Fille Aînée a parcouru à pied, à cheval et en moto la France entière, la moitié de l'Europe et de l'Inde. Mais c'est dans une rue du quartier qu'elle a fait la connaissance de son futur époux. Qui, de son côté, faisait faire pipi à la chienne de sa maman. Dans un accès d'audace sous le réverbère complice, Monsieur Gendre a demandé à Fille Aînée le numéro de téléphone de monsieur Roquefort pour mademoiselle Lola. Et vous êtes devenue grand-mère. Depuis, vous promenez votre chien vous-même.

Quant à l'histoire de Joséphine s'occupant maternellement de la petite sœur de Stéphanie, elle vous semble étrange, Petite Chérie ne montrant curieusement aucune tendresse particulière pour les enfants, au grand désespoir de Fille Aînée qui aurait bien vu sa cadette en baby-sitter permanente.

Donc, vous ne croyez pas un traître mot de ce que la jeune Stéphanie est en train de vous raconter.

— Que Joséphine me rappelle dès son retour, dites-vous perfidement.

Et vous attendez.

Sept minutes.

— Tu voulais me parler ? s'enquiert calmement la voix de Joséphine au téléphone.

— Oui, pour te rappeler d'acheter des chaussettes. Je croyais que tu devais faire des courses avec Stéphanie ?

— Ben non, finalement, on s'est fait un plan télé.

Vous ne savez pas ce que vous devez le plus admirer : la bonne marche du téléphone en France, la belle complicité des copines merveilleusement organisées pour rouler les mères dans la farine ou le sang-froid épatant de Petite Chérie.

Car, pour vous, il n'y a aucun doute.

Petite Chérie se trouve quelque part dans Paris avec le Comanche. Peut-être même dans ses bras. L'embrasse-t-il dans le cou en lui faisant signe d'abréger sa conversation avec son emmerdeuse de mère ? Sont-ils tout nus dans un lit ?

Vision infernale. Impossible. Ils sont bêtement en train d'écouter un disque chez un copain. C'est ça.

Vous résistez à la tentation de demander à Joséphine de vous repasser Stéphanie au téléphone pour-discuter-des-prochaines-vacances. Et surtout pour voir comment Petite Chérie se sortirait de ce piège. Et vous entendre probablement répondre que Stéphanie vient de sortir à son tour chercher le pain.

— Ne t'angoisse pas avec ton Comanche, tente de vous réconforter votre amie Sophie. Généralement, les garçons ne font que l'année scolaire.

C'est long, une année scolaire.

Vous êtes en train d'y songer en flottant dans votre

bain du matin. Un autre de ces petits moments délicieux que vous vous accordez dans la journée. La maison est vide. Silencieuse. Vous êtes seule avec Roquefort qui rêve sous votre lit. Vous clapotez, l'esprit détendu, sous une exquise mousse à la verveine piquée à Joséphine.

Bruit de la porte d'entrée qui s'ouvre.

Insolite à cette heure de la matinée.

Petite Chérie entre comme une bombe dans la salle de bains.

— J'ai oublié mon cahier de textes. Faut que tu me fasses un mot, sinon je serai en colle samedi.

Vous lui faites remarquer que, quand on part le matin comme une fusée Ariane, en jetant au hasard cahiers et livres dans son sac alors que votre maman vous supplie depuis dix ans de les préparer la veille, eh bien, on mérite une colle le samedi. Cela lui apprendra. Voilà. Vous vous votez, in petto, des félicitations pour votre fermeté d'éducatrice.

— La colle, je m'en fous, annonce tranquillement Joséphine. Je ne suis pas rentrée pour mon cahier de textes. Je-voulais-te-parler-d'urgence.

Allons bon ! Voilà un préambule que vous détestez absolument. Annonciateur d'un torrent d'embêtements. Et pas moyen de vous enfuir. Vous êtes bloquée dans votre bain par votre fille assise sur le tabouret à côté de la baignoire. C'est une manie chez les membres de votre petite famille de venir vous faire part de leurs malheurs quand vous êtes paisiblement en train de barboter dans l'eau chaude. Vous avez bien essayé de mettre un verrou à la porte de la salle de bains. L'Homme l'a démoli un jour dans sa hâte à vous raconter ses démêlés houleux avec le contrôleur fiscal installé en permanence dans son bureau.

Aujourd'hui, quel ciel va vous tomber sur la tête ?

Renvoyée !

Joséphine est sûrement renvoyée de l'école. Malheur ! Trouver un autre établissement en début d'année scolaire va être surhumain. Il va falloir supplier à

genoux des directeurs impassibles. Pleurer. Ou téléphoner au frère de la belle-sœur du libraire qui connaît
l'attaché de cabinet du ministre de l'Education nationale.

— Mais non, je ne suis pas virée de l'école, fait
Petite Chérie gaiement, tu balises tout de suite !

— Je quoi ?

— Tu t'angoisses ! Qu'est-ce que tu es anxieuse !

Elle vous dédie un de ses sourires qui vous font
fondre le cœur. Dieu ! qu'elle est adorable, votre petite
fille, avec son air sage, ses grands yeux noirs et ses longs
cheveux bien brossés (on sait par qui, mais enfin). Une
vraie madone florentine.

— Je veux prendre la pilule, vous annonce tranquillement votre madone florentine. Faut que tu m'em-
mènes chez le gynéco.

Vous manquez vous noyer.

2

Quand vous récupérez vos esprits, vous avez avalé la moitié de votre bain et la mousse à la verveine vous sort par le nez et les oreilles.

Petite Chérie vous regarde réapparaître, toujours tranquillement assise sur le tabouret près de la baignoire, avec son sourire candide de madone italienne.

Vous êtes furieuse contre vous-même. Une mère dépassée par les événements, voilà ce que vous êtes. C'est vous qui auriez dû donner la pilule dans son café au lait à Joséphine dès que ce néfaste Comanche est apparu dans votre salon. Mais voilà, votre éducation ne vous avait pas préparée à affronter de telles situations. Petite Chérie n'imagine pas une seconde que vous vous êtes mariée vierge et sans pilule. Pour rien au monde vous ne le lui avoueriez. Elle vous dévisagerait avec la curiosité d'une touriste japonaise visitant les antiquités gréco-romaines au Louvre. Quant à Fille Aînée, elle ne vous a jamais rien demandé.

Vous crachez un peu de mousse :

— Est-ce que tu ne crois pas que tu es encore jeune pour… (circonlocutions, circonlocutions chéries, où êtes-vous ?)… pour… (vous ne trouvez pas la litote)… faire l'amour ?…

Petite Chérie vous considère avec indignation.

— T'es folle ! J'ai seize ans et demi. Il y a longtemps que Stéphanie et Laurence l'ont fait.

— Ah bon !

Décidément, ce matin, les surprises vous dégringolent sur la tête comme une avalanche de rochers.

— Et je connais même une fille dans ma classe qui a commencé à douze ans et demi.

Qu'en aurait pensé la Mère supérieure de votre pensionnat ? Vous aimez mieux ne pas le savoir.

— Parce que vous vous racontez cela entre vous ?

— Ben, évidemment. De quoi veux-tu qu'on parle ?

Vous aviez raison. C'est bien de l'amour et des garçons que, depuis l'aube des temps, les copines discutent inlassablement entre elles. Brutalement, un autre rocher vous frappe de plein fouet. Vous vous rappelez que vous partez dans trois jours pour le Mexique avec l'Homme.

Vous auriez dû vous méfier. La vie vous a appris que, s'il existe une possibilité de tuile avant un voyage ou un départ en vacances, la tuile se produit *toujours*. Chez vous, on a le génie de vous poser un problème grave à l'heure la plus inopportune de l'année. Même le chien Roquefort fugue vingt minutes avant la première d'une pièce où vous êtes exceptionnellement invitée et pour laquelle vous avez non moins exceptionnellement acheté une robe exceptionnelle. Dans laquelle vous fouillez le quartier sous la pluie. Et arrivez à l'entracte au théâtre où vos places sont prises.

Vous faites observer à Joséphine qu'obtenir un rendez-vous en trois jours chez un médecin, à Paris, à l'heure actuelle est un rêve extravagant. Ceux que vous connaissez réclament un délai de quinze jours à trois semaines. L'un d'eux exige même trois mois et un autre, célèbre rhumatologue, neuf mois. De quoi avoir un enfant et trois sciatiques entre-temps.

— Est-ce que cela ne peut pas attendre mon retour du Mexique ? plaidez-vous. Je ne pars que huit jours.

— Non, dit fermement Petite Chérie, Marc tient absolument à ce que je prenne la pilule le plus vite possible.

— Comment ça, Marc ? Tu en as parlé avec lui ?

Avant sa mère ? Un comble.

— Ben ouais, évidemment. Il est intéressé, non ?

Mon Dieu ! Mon Dieu ! Mon Dieu ! Il vous semble que c'était hier que votre petite fille vous réclamait son pain au chocolat du goûter. Et, aujourd'hui, elle exige son Stediril ou son Adepal. Puisqu'il y a une telle urgence, peut-être le cher gynéco qui a mis Joséphine au monde vous prendra-t-il en priorité ? Mais, ô surprise — la matinée n'en est pas avare décidément —, Petite Chérie se refuse à consulter le vieux médecin de famille. Elle veut aller chez la gynéco de ses copines. Parce que Stéphanie et Laurence prennent la pilule ? Ben, évidemment. Et leurs mères sont au courant ? Ben, naturellement. Mais celle de Laurence a fait des difficultés.

— Or, figure-toi que Laurence sortait avec David. Qui voulait qu'elle prenne la pilule. Mais elle avait peur de se faire engueuler par sa mère. C'était dingue !

— Alors ? demandez-vous, haletante au récit de ce drame cornélien.

— Alors, elle a attendu deux mois. Et puis elle a fini par en parler à sa mère. Et sa mère a dit bon, oui, d'accord. En cachette de son père. Parce que le père de Laurence, question virginité de sa fille, c'est pire qu'un Arabe ! Complètement barjot ! Mais, le temps que Laurence fasse les examens et qu'elle ait sa pilule, c'était trop tard, David s'était tiré.

Vous méditez un instant sur cette triste histoire d'amour moderne.

Justement. L'amour. Si on l'évoquait ?

Vous savez bien que pour une *meuf* du Moyen Age comme vous, avoir des rapports sexuels était l'aboutissement d'une histoire d'amour. Alors que, pour la jeune extra-terrestre que vous avez mise au monde, ce n'en est que le début. Vous ne pouvez vous empêcher cependant (c'est plus fort que vous une fois de plus) de poser la question de confiance :

— Tu es sûre d'aimer Marc ?

Curieusement, Petite Chérie, qui n'hésite pas à

parler rapports sexuels et pilule, semble gênée de vous répondre dès qu'il s'agit de sentiment.

— Ben ouais, je pense, répond-elle, prudente comme une renarde.

— Tu le connais à peine !

— Comment ça, à peine ? On sort ensemble depuis un mois.

Le mot « sortir » dans la bouche d'une adolescente moderne peut avoir plusieurs sens. L'un étant d'aller à des soirées du samedi ensemble. L'autre de se rouler dans le même lit. A vous de deviner. Mais, si vous trouvez la bonne réponse, vous ne gagnez pas un voyage aux Canaries, contrairement aux jeux télévisés.

— Et pourquoi l'aimes-tu ?

Question idiote. Vous devriez avoir honte de la poser. Pourquoi adore-t-on celui-ci et pas celui-là ? Eternelle interrogation jamais résolue. Certes, que votre petit trésor, la prunelle-de-vos-yeux, la merveille des merveilles soit folle amoureuse d'un grand Ver-de-pomme débile vous semble monstrueux. Mais pourquoi Juliette aimait-elle Roméo ? Même Shakespeare, qui s'y connaissait en sentiments, n'a jamais répondu à la question.

A votre surprise, Joséphine le fait :

— Parce qu'il est gentil...

C'est toujours ça. Il ne la bat pas.

Vous sortez de votre bain, devenu glacé, et vous allez téléphoner à la gynéco des copines de Petite Chérie.

Qui vous donne rendez-vous pour le lendemain. Elle semble avoir l'habitude de ce genre d'urgence.

— Bonard, dit Joséphine. Ça me fera sauter le cours de maths. Tu me feras un mot. Et j'ai pour demain un devoir de français sur Alain et le bonheur. Tu peux m'aider ?

— Non, répondez-vous fermement. Ras le bol d'Alain et le bonheur : j'ai déjà traité le sujet douze fois depuis mon propre bac. D'autre part, à la dernière dissertation que j'ai faite pour toi, ton prof m'a collé 2. Cela me bloque ensuite pour écrire mes articles.

Votre cadette retourne à l'école d'un pied de chèvre joyeuse. Petite fille à qui vous devez donner un mot quand elle manque sa classe. Et bientôt femme avertie des choses de l'amour.

Vous restez déprimée toute la journée.

Tout ce que vous avez pu lire çà et là contre la pilule vous revient à l'esprit. D'un côté, vous croyez fermement que la pilule est la plus grande révolution du monde moderne. Mais, de l'autre, votre Petite Chérie n'est-elle pas trop jeune pour la prendre ? Des médecins la contestent carrément. Elle ferait grossir. Donnerait des nausées. Peut-être même le cancer. Pour vous, le risque est égal. Mais pour votre bébé ?

Vous vous couchez, le soir, un cyclone d'idées noires dans la tête.

Votre Joséphine va avoir un amant. Non ! non ! Quel affreux mot ! Démodé. Mélo. Vous préférez penser : un petit ami, un copain. Les choses sonnent ainsi moins dramatique. Qu'importe. D'imaginer votre précieuse madone italienne toute nue dans les bras de ce Ver-de-pomme tout blanc vous révolte. Parce que désormais vous savez. Dès que vous aurez mis le pied dans l'avion de l'Aeromexico, ce Comanche de malheur va se jeter comme une bête — oui, comme une bête — sur votre adorable trésor (sans même peut-être enlever ses lunettes noires). Cet adolescent blême saura-t-il s'y prendre ? De quel droit va-t-il sauter dans le lit de Petite Chérie ? Que dites-vous ? Pas dans le lit de Petite Chérie.

Dans le vôtre.

A cette idée, vous faites un tel bond de daurade éperdue sur votre matelas que l'Homme se réveille et demande pourquoi vous essayez de l'empêcher de dormir. Il a de grands projets pour le lendemain, la moitié du monde et le sort de centaines d'ouvriers reposent sur ses épaules et il aimerait que sa femme ne trouble pas son sommeil patronal. Vous promettez de ne plus remuer. Les ronflements reprennent. La sarabande de vos idées noires aussi.

Oui, évident! Joséphine et son Comanche de malheur vont transformer votre chambre — plus confortable que celle de votre fille — en nid d'amour. Ah non! Pas votre lit complice!

Que faire? Confier Petite Chérie à Fille Aînée? Vous pouvez imaginer la cadette racontant à son aînée : « J'ai trois heures de retenue à l'école. » Ou : « Je dois absolument m'acheter un soutif », etc. Et hop! sous vos draps blancs brodés, dans votre appartement désert. Prévenir la concierge? Vous y répugnez. Emmener Joséphine avec vous au Mexique? Impossible. La mettre dans un château fort? Où trouver un château fort avec donjon et ceinture de chasteté? A moitié endormie, vous avez une vision de Petite Chérie se tordant les bras en haut de la Tour-prends-garde et du Comanche sur un affreux cheval borgne, tournoyant dans les fossés. Mettre la belle enfant huit jours en Angleterre dans une de ces pensions sévèrement protégées par le Channel? Ou en Suisse dans un coffre-fort? Inutile. Deux amoureux éperdus se débrouillent toujours. Roméo ouvrira le coffre-fort au chalumeau. Vous rêvez que...

— Voilà maintenant que tu fais un cauchemar, tu m'envoies des coups de pied, grogne l'Homme en vous secouant.

Vous vous réveillez. Vous êtes en nage. Complètement angoissée. Vous vous levez doucement et allez vous asseoir sur le fameux tabouret de la salle de bains pour vous calmer.

Voyons. Il vaut mieux rai-son-na-ble-ment que Petite Chérie prenne la pilule plutôt que de se retrouver enceinte. A cette seule pensée, vous frémissez. Joséphine attendant un bébé! A seize ans et demi! Les angoisses du retard. La course aux gynécos. Le débat de conscience. Les paperasseries des hôpitaux. Le choc de l'interruption de grossesse.

Vous éclatez en sanglots.

Tout cela est de votre faute.

Une mère ratée, voilà ce que vous êtes. Bien sûr,

vous vous êtes occupée farouchement de tous les problèmes que posent les enfants dès qu'ils apparaissent dans le cercle de famille. Les coliques du nourrisson, les premières dents, les varicelle-rougeole-oreillons, les lunettes, les dents en avant, les pieds plats, les bras cassés à cheval, les jambes cassées à ski, les études qui flanchent (vous êtes de ces mères qui n'ont jamais de surprise avec les études de leur progéniture : elles sont toujours mauvaises). Et maintenant les premières amours. Le temps a filé si vite avec Petite Chérie. Vous avez l'impression d'être passée directement des Pampers à la pilule.

A qui demander conseil, mon Dieu ? A minuit, difficile de réveiller vos amies.

Mais peut-être votre oiseau de nuit de Fille Aînée ? Qui, mieux qu'elle, peut vous répondre sur vos carences maternelles ? Evidemment Monsieur Gendre va faire la gueule. Ta mère ne peut pas se contenter d'occuper le téléphone dans la journée ? Si, si, ne nie pas, j'ai essayé de t'appeler hier pendant DEUX heures et tu bavardais avec elle !

Tant pis.

Vous tirez le téléphone jusque dans la cuisine. Le fil s'accroche à son habitude dans le pot aux parapluies qui tombe bruyamment. Mais personne ne semble se réveiller. Ouf !

Vous faites doucement le numéro de votre bien-aimée Fille Aînée.

Malheur. C'est Monsieur Gendre qui répond. Ne pouvait pas dormir, celui-là ?

Vous (hypocrite) : Désolée de vous déranger, mais Joséphine... heu... n'est pas bien et Justine connaît le nom d'un médicament...

Monsieur Gendre (sec) :... vous la passe.

Boum ! Il pose l'appareil brutalement pour que cela fasse un bruit épouvantable dans votre oreille. Mais vous aviez prévu le coup et éloigné le récepteur de votre tympan.

Voix inquiète de Fille Aînée (cher amour) : Joséphine ne va pas bien ?

Vous : Désolée de t'embêter si tard, mais est-ce que je peux te parler ?

Fille Aînée comprend immédiatement que ce que vous avez à dire doit l'être loin des oreilles de Monsieur Gendre.

Fille Aînée (chuchotant) : J'emporte le téléphone dans la cuisine.

Vous pouvez suivre par les jurons étouffés de Fille Aînée sa progression avec son appareil et le fil qui se prend, lui aussi, dans quelque chose qui tombe. Enfin, vous revient sa voix essoufflée.

— Ça y est.

Vous voilà toutes les deux en tenue nocturne dans vos cuisines avec vos téléphones, tandis que les Hommes dorment furieusement.

Vous : Dis-moi la vérité ! Est-ce que je suis un flop en tant que mère ?

Fille Aînée est une fille épatante. Elle ne manifeste aucune surprise de se voir réveillée par une créature hystérique en train de se remettre en cause au milieu de la nuit.

Fille Aînée : Tu es une Mère ! C'est déjà formidable. Maintenant, comment savoir si l'on est une bonne ou une mauvaise mère par les temps qui courent ?

Vous : Tu m'as dit, un jour, que tu étais contre la pilule. Pourquoi ?

Fille Aînée n'est pas contre la pilule. C'est la pilule qui était contre elle. Elle disparaissait diaboliquement et Justine oubliait de la prendre. Ou avalait deux comprimés le même soir.

Vous vous exclamez. C'est si simple ! Vous posez, vous, votre plaquette près de votre brosse à dents. Fille Aînée ne se brosse-t-elle pas les dents tous les jours ? Vous êtes pourtant sûre de l'avoir éduquée dans ce sens. Pas si facile, répond Fille Aînée, inexplicablement sa brosse à dents ne reste jamais au même endroit. Au moment où vous allez lui demander pourquoi elle achète des brosses à dents baladeuses, Justine se lance dans un long récit de ses démêlés avec la pilule infernale. Elle avait bien essayé de la mettre près du beurre du petit déjeuner dans le réfrigérateur. La plaquette disparaissait pendant la nuit et Fille Aînée mettait une semaine à la retrouver sous une salade dans le bac à légumes. Ensuite, Justine l'avait accrochée sur le réveil, au chevet de son lit. Mauvaise idée. Le soir, elle ne regardait jamais l'heure. Le matin, quand le réveil sonnait, Fille Aînée se levait les yeux encore fermés et allait, tâtonnante, préparer petits déjeuners et biberons, oubliant sa pilule. Puis, la nuit suivante, se réveillait en sursaut, allumait, secouait Monsieur Gendre mécontent et comptait et recomptait les comprimés restants sans arriver à être sûre d'être à jour.

Fille Aînée a également découvert que la pilule déteste voyager. A chaque départ, alors qu'elle était certaine de l'avoir mise dans sa valise, elle ne l'y retrouvait plus. Une fois, à Toulon, Justine — au lieu de faire les photos prévues pour son travail — avait dû courir chez un gynéco mendier une plaquette. Le médecin toulonnais s'était montré intraitable : examens d'abord. Fille Aînée avait dû rentrer en catastrophe à Paris (deux nuits blanches en train, aller et retour) rechercher ses comprimés qui l'attendaient ironiquement dans une chaussure où elle était *sûre* de ne les avoir jamais déposés.

Vous faites part de vos hésitations à donner la pilule à sa sœur cadette.

— Si elle est assez grande pour te la demander, laisse-la prendre ses responsabilités, conseille Justine.

— Je trouve qu'elle commence bien tôt ses relations amoureuses, gémissez-vous.

— J'ai débuté plus jeune, rigole Fille Aînée.

— Toi ?

— Tu ne l'as jamais su. Mais, la première fois, j'avais quinze ans et deux mois.

Rude journée, décidément. Bien sûr, Justine a toujours gardé ses amours farouchement secrètes. Mais déjà vous n'aviez rien deviné ! Oui, vous êtes un flop en tant que mère.

— Avec qui ? coassez-vous.

— Une espèce de hippy barbu, tu sais, Bertrand, qui se baladait avec un pantalon de velours et des sabots. Les sabots, ça m'épatait.

Voilà enfin expliqué le retour à la terre ardemment prêché pendant des années par Fille Aînée et qui vous a toujours surprise, Justine étant une fille des villes.

— Je sortais la nuit pour le retrouver pendant que vous dormiez tous et je rentrais à l'aube avant que tu te réveilles.

Vous manquez tomber de votre chaise de cuisine.

— Remarque, ça n'a pas duré longtemps, ce crétin faisait l'amour comme un manche, sans même ôter ses sabots.

— Quelle horreur ! Tu vois que j'ai raison d'être inquiète pour ta sœur. Lui, ce sont ses lunettes qu'il ne va pas enlever ! vous exclamez-vous avec une double rancune.

— A chacune d'assumer ses propres expériences dans la vie, remarque impitoyablement Fille Aînée. Arrête de super-protéger tes filles...

Vous soupirez qu'elle a raison. Vous jurez d'arrêter d'être une mère poule perpétuellement inquiète. Et, mal remise des révélations de Justine, vous raccrochez.

Vous vous précipitez dans la chambre de Petite Chérie pour vérifier si elle ne s'est pas enfuie à son tour en cachette retrouver son Ver-de-pomme. Non, elle dort, rose et ronde comme une pêche. Sur son lit, traîne encore sa panthère noire en peluche de bébé.

Pourquoi faut-il que les petites filles grandissent et deviennent la proie de crétins à sabots ou de minables à lunettes noires ?

Vous revenez dans votre cuisine, totalement cafardeuse. Vous hésitez entre prendre un Valium ou votre tranquillisant à vous : un énorme plat de spaghettis à la tomate fraîche et au gruyère râpé. Vous choisissez les spaghettis. Désastreux pour votre ligne. Mais — aidée par un bon coup de rouge — vous retrouvez votre moral à 2 heures du matin et décidez que vous serez désormais une mère optimiste et branchée — avec des kilos de spaghettis sur les hanches.

La gynécologue des amies de Joséphine vous donne un choc, à son tour. Elle semble à peine plus âgée que Petite Chérie. Cette ravissante jeune femme à la mine décidée vous regarde avec une surprise réciproque. Sa clientèle n'est visiblement pas composée de mères. Du reste, à partir du moment où elle a compris de quoi il retourne, elle ne s'adresse plus qu'à Joséphine, la tutoyant comme une vieille copine. Vous vous faites toute petite et vous efforcez de *ne pas* répondre à la place de Petite Chérie comme vous l'avez fait depuis seize ans et demi. Vous prenez cependant votre revanche quand la jeune doctoresse lui demande la liste de ses maladies infantiles. On se tourne quand même vers vous. Vous récitez la litanie que vous connaissez par cœur. Puis une nouvelle bombe vous éclate au visage. Vous êtes gâtée, ces temps-ci.

— Es-tu vierge ? demande tranquillement la gynécologue à Petite Chérie.

— Non, répond non moins tranquillement Petite Chérie.

Vous restez impassible. Mais, intérieurement, vous êtes devenue une flaque sur la moquette.

Comment ? Où ? Quand ? Est-ce l'infâme Comanche ? Un autre, à quinze ans et deux mois comme pour Fille Aînée ? A nouveau, vous n'avez rien deviné. Décidément, votre intuition maternelle : de la courgette bouillie ! Et où sont les confidences à une mère bien-aimée ? Personne ne vous dit rien. Ne vous a jamais rien dit. Vous avez essayé d'être à l'écoute des vôtres, comme le recommandent tous les magazines féminins. Je t'en fiche ! Qui a posé sa tête sur votre épaule pour vous murmurer ses secrets ou demander conseil ? Personne. Jamais. Oui, oui, vous êtes un flop ! Bonne tout juste à faire tourner à vide la machine à manger et à dormir familiale. Du coup, vous vous demandez si l'Homme, lui aussi, ne vous cache pas une double vie. Vous êtes une mère ignorée. Pourquoi pas une femme trompée ? Vous en avez marre de cette bande d'inconnus qui campent chez vous. Vous n'allez pas partir pour le Mexique mais vous expatrier en Patagonie. Définitivement. Parfaitement. Et tout ce petit monde se débrouillera sans vous. Ah ! ah !

Tandis que vous songez à secouer la poussière de vos sandales sur le seuil de cette coquille vide qui vous sert de foyer, la jeune doctoresse a emmené Joséphine dans une autre pièce pour examen. Et vous les entendez rire toutes les deux.

Rire.

Vous n'en revenez pas. Vous n'avez jamais pu rire sur une table d'obstétrique. Et voilà que Petite Chérie, à peine née, y monte à son tour, pieds glissés dans ces atroces étriers et fouaillée par l'horrible spéculum. Rien que d'y penser, vous serrez les cuisses.

Elle, elle rit.

Et sort de la pièce, désinvolte comme une vieille routière des examens gynécologiques.

Vous payez (ah ! vous servez aussi à ça !) et vous partez avec votre adolescente munie de la précieuse ordonnance et des prescriptions d'examen. Il vous semble deviner un petit sourire ironique sur les lèvres de la jeune doctoresse.

Vous remontez dans votre voiture, complètement perturbée.

— T'as oublié de desserrer le frein à main et t'as allumé tes phares, remarque Joséphine, ça va pas ?

Non. Oui. Il vous faut reprendre votre sang-froid qui en a pris de sacrés coups depuis quelque temps. Enfin, depuis hier. Mais chacun sait qu'il y a des années où rien ne se passe et des jours où tout arrive.

D'abord, respirer cal-me-ment. Comme au yoga. Vous détestez les enroulements yoguesques mais rien ne peut vous faire de mal dans l'état où vous êtes. Y compris d'inspirer-expirer-lentement.

Et puis parler à Petite Chérie.

N'est-ce pas là le devoir numéro un de toute mère traditionnelle telle que vous : avertir sa fille des grands problèmes de l'Amour ? Qui est-ce qui rit ? D'accord, vous êtes une dinosaure égarée au temps des ordinateurs et des robots. Mais tant pis. Vous devez avoir une conversation de mère dinosaure à fille extra-terrestre.

Vous (nez sur le volant de votre voiture) : Dis-moi, Joséphine… heu…, nous n'avons pas encore eu le temps…, je ne pense pas…, enfin, je pense… (vous ne vous en sortirez jamais), plutôt je me demande si tu sais… Je veux dire : est-ce que tu sais tout ce qu'il faut savoir sur la sexualité ?

Ouf, c'est dit !

Petite Chérie (stupéfaite) : De quoi tu veux parler ?

Vous (essayant d'être solennelle tandis que vous brûlez un feu rouge et ignorez les autres automobilistes qui vous adressent des gestes désordonnés pour vous avertir que vos phares ne sont toujours pas éteints) : Est-ce que tu sais vraiment tout…, enfin pas tout…, mais enfin un maximum quand même de ce qu'il faut savoir sur l'amour physique ?

Joséphine : Ben oui…, je crois.

Malheur ! Vous avez calé en voulant éteindre vos phares et vous n'arrivez pas à redémarrer dans un concert de klaxons indignés. Vous êtes prête à jurer que votre première vitesse a changé de place.

Vous (au supplice) : Si tu veux des explications supplémentaires, tu me les demandes !

Petite Chérie (gentille) : Tu sais, maintenant, avec les films, les bouquins et tous les magazines féminins qui traînent à la maison, on est plus que renseigné.

Elle a raison. Pas un seul jour sans information détaillée sur l'orgasme obligatoire, le plaisir du point G et les deux cent quarante-cinq positions.

Vous : Oui…, bon…, mais il n'y a pas que l'aspect technique, il y a aussi l'aspect affectif.

Petite Chérie : Tu veux dire quoi, là ?

Maman dinosaure : Il n'y a pas que le corps… Si tu

fais l'amour pour le plaisir, tu es comme… comme…
(Vous ne trouvez pas comme quoi et vous abandonnez.) Ce qu'il faut, c'est que la tête, le cœur participent.
Oui, c'est ça. Aimer aussi avec son cœur et sa tête est
très important…

Vous vous sentez tout à fait ridicule. Barbara Cartland, Delly, les auteurs de la collection Duo, au
secours !

Fille extra-terrestre (vaguement) : Ouais, mais flippe
pas ! C'est pas grave.

Un automobiliste vous dépasse en vous adressant des
injures. Avance, mémère, ou roule en petite chaise !

Vous craquez. Vous devez boire un alcool réconfortant et vite. Vous abandonnez votre voiture sur les
clous et vous entrez en trombe dans un café commander
un calva avec plein de morceaux de sucre et tout de
suite, par pitié. Joséphine réclame tranquillement un
lait grenadine.

Vous rassemblez tout votre courage en vous et dans
les sucres au calva.

Vous : Mais enfin, tu l'aimes *vraiment,* ce garçon ?

Petite Chérie (la lèvre supérieure garnie d'une moustache de lait rose qui vous donne envie de l'essuyer
comme un bébé) : Ben ouais, je crois.

Vous (vous vous jetez à l'eau) : Et tout va bien entre
vous…, je veux dire physiquement ?… Tu peux ne pas
me répondre, si cela te gêne.

Petite Chérie (très calme) : Balise pas ! C'est formidable.

Comment ça, formidable ? Ce Comanche de dix-sept
ans, où a-t-il appris à faire l'amour ?

Vous (criant pour couvrir le bruit des conversations
dans le café) : Puisque tu es au courant de tant de
choses, tu es au courant également… des maladies
qu'on peut attraper sexuellement… et tu sais qu'il y a
actuellement une recrudescence des maladies vénériennes chez les adolescents.

Petite Chérie (indignée) : Marc est clean !

Vous (continuant à remplir votre Devoir Maternel) :

56

Sans le vouloir, il peut te passer un microbe et tu peux le repasser...

Petite Chérie (éclatant de rire et se foutant de vous carrément) : Qu'est-ce que tu crois ? Je ne vais pas contaminer tout Paris !

Non. C'est vrai. Vous manquez de délicatesse.

Au moment où vous allez vous excuser, vous apercevez une contractuelle qui s'approche de votre voiture, le carnet de contraventions à la main. Vous foncez sur elle.

Vous (égarée) : Mademoiselle, pardon, madame, avez-vous une fille ?

La contractuelle (surprise) : Oui.

Vous : Vous lui donnez la pilule ?

La contractuelle : Elle a deux ans...

Vous : La mienne, seize et demi. Nous sortons de chez le médecin. On discute de tout ça, vous comprenez...

La contractuelle (logique) : Vous pouvez parler chez vous.

Vous (faisant de grands gestes avec vos bras comme un moulin en folie) : Exact. De toute façon, au point où j'en suis, votre contravention, je m'en fous.

La contractuelle (commençant à écrire) : C'est vous qui avez besoin d'une pilule calmante.

Vous revenez au café. Petite Chérie rêve en finissant de laper son lait grenadine comme une petite chatte.

Et vous explosez.

D'accord, vous savez que vous n'êtes pas une mère moderne. Branchée. In. Mais c'est comme ça. La pilule, les petites filles qui font l'amour à quinze ans et deux mois ou seize ans et demi, les petits garçons qui les culbutent avec art, vous n'avez pas été éduquée pour y faire face. Le fossé des générations, vous n'arrivez pas à le sauter. Joséphine doit en prendre son parti. On a la mère qu'on peut. Plus tard, elle ira peut-être voir un psy (vous aussi d'ailleurs) mais, pour l'instant, elle doit assumer une créature tourneboulée à la fois d'accord et pas d'accord.

Alors, vous proposez à Petite Chérie la solution suivante : vous respectez ses choix dans la vie et dans l'amour, elle respecte votre mentalité rétro. Régulier ? Régulier, admet Joséphine.

Vous réclamez, pour vous, le droit à l'hypocrisie. Joséphine aimera son Comanche dans la discrétion la plus totale. Vous ne voulez savoir ni où ni comment. Toujours d'accord ? Toujours d'accord, dit Petite Chérie.

Joséphine vous préviendra simplement qu'elle s'absente sans chercher des excuses du type : je-fais-un-plan-ciné-avec-une-copine. Mais rentrera dormir la nuit à la maison. O.K. ? O.K., jure gaiement la prunelle-de-vos-yeux.

— Si tu aimes ce garçon, c'est ton affaire intime et ta responsabilité. J'essaie de te comprendre. Ça ne m'est pas facile parce que je te trouve trop jeune. Est-ce que tu me comprends, *moi* ?

Joséphine sourit. Maternellement.

— T'es une mère drôlement réac mais sympa, conclut-elle en hochant la tête. Quant à papa, je préfère que tu ne lui en parles pas.

— Je crois que cela vaut mieux, approuvez-vous.

Les hommes ont des nerfs très fragiles.

Surtout les pères.

Il paraît que vous êtes partie pour le Mexique après avoir fait vos valises, rempli le congélateur, terminé un chapitre de votre livre, prévenu la concierge de votre absence et de la relative solitude de Joséphine et de Roquefort. Et après avoir scotché dans tous ses livres de classe (ceux de Joséphine, pas de Roquefort), cahiers, vêtements, chaussures, des petits papiers marqués de la seule recommandation que vous laissiez derrière vous : « Penser à la pilule. »

Et vous avez pris l'avion comme une zombie.

En oubliant la vôtre, de pilule.

3

Vous traversez le Mexique dans un brouillard breton. Il paraît que vous avez vu deux océans, une Vierge noire, des pyramides aztèques. L'Homme vous assurera plus tard que vous avez parlé avec des Indiens, mangé des tacos, écouté des mariachis. Vous, vous n'avez vu qu'une chose à Mexico, Acapulco, Teotihuacán : Petite Chérie dans les bras du Comanche. Et ce grand Ver-de-pomme, c'est simple, vous le détestez. Vous êtes tellement obsédée qu'en plein dîner, vous demandez à l'épouse d'un client de l'Homme si les femmes mexicaines ont droit à la pilule. Un grand silence choqué vous fait comprendre que votre question est très déplacée au-dessus de la dinde au chocolat locale.

L'Homme vous interroge hargneusement : quelle mouche vous pique ? Ne vous a jamais vue si nerveuse. Pas la peine de vous offrir un si beau voyage. Pour ne pas vous trahir, vous prenez des tranquillisants que vous avez apportés en cachette. L'Homme est encore plus furieux. Ce n'est pas une femme qu'il a emmenée mais son ombre. Vous êtes tentée — une fois de plus — de lui avouer vos tourments. Après tout, vous êtes mariés pour le pire. Mais vous craignez de le voir foncer aux bureaux d'Air France en réclamant à tue-tête des places prioritaires dans le premier avion pour rentrer à la maison et jeter le Comanche dans l'escalier à grands coups de tatane. Non que cela vous déplairait. Mais vous craignez de faire de l'Elu un martyr. Et de voir Petite Chérie s'enfuir avec lui. Une des filles de votre amie Bernadette a fugué deux mois dans un squat parce que ses parents voulaient l'empêcher de sortir avec un *skin* au crâne rasé, aux oreilles en forme de porte-clefs où pendaient des lames de rasoir et à la poitrine tatouée : « de bière et de braise. »

Vous n'arrivez pas à dissimuler le bonheur avec lequel vous prenez l'avion du retour. L'Homme bougonne :

— Toi qui aimais tant voyager, voilà que tu deviens popote.

Vous craquez un peu.

— Non, je m'inquiète à cause de Joséphine. J'ai peur qu'elle fasse des bêtises en notre absence.

Vous avez le mensonge anglais ces temps-ci : par euphémisme.

— Bah ! réplique l'Homme, pas du tout macho, les filles, ça fait toujours des bêtises.

Naturellement, dans son esprit, il s'agit des filles des *autres*.

La première chose qui vous frappe sur le palier de votre appartement, c'est l'odeur qui s'échappe de chez vous. Une odeur inouïe qui donnerait mal au cœur à un cosaque. Vous finissez par identifier un mélange de fumée de cigarettes froide et de papier d'Arménie. Ce dernier brûlé largement par Petite Chérie pour camoufler la tabagie entretenue par la Bande en votre absence. (Tiens, elle est revenue ?) Vous répandez à votre tour des litres d'essence d'eucalyptus. Les voisins reniflent sur votre passage avec un drôle d'air.

En revanche, à votre ébahissement, un désordre « honnête » règne à travers les pièces. Seule la baignoire est noire de crasse et tous vos petits savons au jasmin ont disparu. Vous en concluez que les Huns ont décidé de venir se laver sur les rives de votre salle de bains. Exact. Les membres de la Bande (y compris le Comanche) se sont installés joyeusement chez vous pour bavarder, prendre des douches, regarder la télé et dormir, enroulés dans des couvertures, dans votre salon transformé en dortoir. Et se nourrir exclusivement de riz cantonais, de steaks hachés et de pizzas surgelées. Votre congélateur est totalement vide.

Vous finissez par apprendre qu'en fait le désordre était tellement monstrueux que même Joséphine et l'Elu — qui recevaient en petit couple — s'en sont inquiétés. Et ont consacré vingt-quatre heures à faire la vaisselle et le ménage avant votre arrivée. Laissant néanmoins quelques assiettes sales par-ci par-là et des bouteilles de vin vides sous les fauteuils pour que cela fasse « plus naturel », avoua plus tard votre cadette. Vous vous félicitez d'avoir, avant de partir, fermé à clef la porte de votre chambre (on reconnaît là votre mesquinerie).

A toutes vos questions Petite Chérie oppose deux grands yeux innocents. Mais, je t'assure, tout s'est très bien passé. Extra. Juste quelques copains qui sont venus me tenir compagnie. La concierge vous révèle d'un air pincé que l'immeuble retentissait des hurlements et des rires qui s'échappaient de votre appartement tard dans la nuit.

Et que Joséphine sortait à l'aube acheter des croissants.

Petite Chérie se lever de bonne heure pour aller à la boulangerie ?

Vous mesurez à quel point elle est amoureuse. Folle.

L'Elu a résisté au retour en force de la Bande.

A votre grand regret, le troupeau ne l'a pas écrasé sous ses sabots, comme dans vos westerns préférés. Non. Il est toujours là. Impassible. Muet. Vous n'osez penser : niais. La mèche de plus en plus longue et broussailleuse lui cachant les narines. Et les lunettes noires au poste (un jour, vous les arracherez et vous les piétinerez...).

Cauchemar supplémentaire : un immense poster qui le représente faisant d'affreuses grimaces a fait son apparition dans la chambre de Petite Chérie, punaisé sur le ravissant papier à fleurs de Laura Ashley posé à grands frais avant l'été. L'Homme, l'apercevant par hasard et la porte ouverte, pousse un cri d'effroi. Qu'est-ce que c'est que cette horreur ? Petite Chérie devient rouge et, la tête dressée comme une vipère, siffle : « Lâche-moi, tu veux ! Je trouve ce poster très BEAU. Et j'ai le DROIT de mettre ce que je veux dans MA chambre, non ? »

Elle claque tous les tiroirs de sa commode, allume sa radio, pousse le son à fond. Le Père bat en retraite.

Vous devez avouer que vous ne surprenez jamais ni un geste ni même un regard énamouré entre votre Juliette et son Roméo. Joséphine respecte votre contrat d'hypocrisie. Vous supposez que, maintenant que vous êtes rentrée, ses ébats amoureux ont lieu quelque part ailleurs. Chez le Comanche, dans un appartement déserté par des parents ignorants, chez un ami complice, etc.

Vous notez toutefois que Petite Chérie, qui depuis sa naissance oublie toujours tout et sa tête, prend religieusement chaque soir sa pilule posée en évidence sur le fouillis qui recouvre le plancher autour de son lit. Elle vous le confirme le jour où, rassemblant votre courage, vous lui posez la question de confiance. Ne t'inquiète pas, maman. De toute façon, ce sont mes affaires.

Vous vous le tenez pour dit.

Un soir, Joséphine vous annonce solennellement qu'elle doit maigrir de toute urgence. Cette nouvelle ne vous émeut guère. Votre adolescente a encore de charmantes rondeurs enfantines et vous avez l'habitude de l'entendre monter sur la balance de la salle de bains en criant : « Ce n'est pas possible, cette saleté est cassée. Je ne suis pas si grosse tout de même ! »

C'est ce que vous vous dites, tous les matins, en vous pesant vous aussi. Vous avez même pris la très mauvaise habitude, les jours de déprime, de dérégler votre Terraillon d'un kilo — à la baisse — sous prétexte que sur votre Testut de la maison du Lot vous accusez toujours un kilo de moins. Vous avez remarqué qu'il y a de charitables balances et d'autres moins. Celles des médecins sont généralement odieuses.

Petite Chérie et vous suivez régulièrement les régimes dont les magazines féminins sont particulièrement bourrés au printemps (soyez minces pour les vacances) et à l'automne (perdez vos kilos de l'été). Vous avez tout essayé. Le Mayo. Le dissocié. Le rien-que-des-œufs-durs. Le rien-que-des-bananes. Le jockey à base de jus de carotte (vous avez acheté un mixer spécial : toute la pulpe des carottes a jailli au plafond de la cuisine où elle forme un grand rond orange que l'Homme se refuse à repeindre). Le jeûne complet (vous craquez et vous courez avaler gloutonnement en cachette des biscuits de régime dont la plupart sont merveilleusement nourrissants). Joséphine a même fabriqué des gâteaux sans beurre, sans farine, sans œufs et sans sucre particulièrement immangeables. Etc.

Le jour où vous avez constaté que *regarder* une lichette de tarte aux poires vous faisait prendre un kilo tandis que votre amie Sophie dévorait joyeusement la tarte entière en perdant cinq cents grammes, vous avez perdu votre foi en l'égalité humaine. Et abandonné tout espoir de maigrir vraiment. Ronde vous êtes, ronde vous resterez.

Mais Petite Chérie continue courageusement à se nourrir de yaourts sans sucre et à se priver de frites-pâtes-riz pendant trois jours. Pour ensuite se jeter sur une gigantesque plaque de chocolat ou d'immenses tartines de pain beurré (une épaisse tranche de pain, une monstrueuse couche de beurre).

Ce qui vous déplaît aujourd'hui dans l'annonce du nouveau régime à la mode qu'elle va entreprendre, c'est qu'elle ajoute :

— Marc veut que je perde dix kilos.

De quoi se mêle-t-il, celui-là ?

Votre bijou de fille, même avec ses bonnes fesses et ses bras potelés, est superbe. Déjà beaucoup trop belle pour lui. Comment ose-t-il se permettre de pareils reproches, ce Ver-de-pomme si laid ? Vous ne retenez pas une réflexion venimeuse :

— Curieux garçon ! Généralement, quand on est amoureux de quelqu'un, on ne *voit* même pas qu'il a vingt kilos de trop ou le nez de travers.

Bing !

— Oh ! lui, il s'en fout, répond sereinement Petite Chérie, mais il faut que j'aie la taille mannequin pour faire de la figuration de cinéma.

Vous faites observer à votre fille qu'elle a des parents extrêmement démodés qui tiennent énormément à ce qu'elle aille dans une école suivre des cours. Et non sur des plateaux de cinéma faire de la figuration.

— C'est juste pendant les week-ends. Pour gagner des sous pour les vacances.

Vous félicitez Petite Chérie d'avoir enfin découvert les difficultés financières qui empoisonnent l'existence de tout un chacun et d'envisager de gagner elle-même son argent de poche. Attitude d'autant plus louable qu'elle n'avait jamais jusqu'ici manifesté le moindre enthousiasme pour un travail quelconque, rémunéré ou pas. Vous maintenez néanmoins que le premier objectif de votre héritière doit être de passer son baccalauréat. Point. Et d'aller en Angleterre pendant les vacances apprendre l'anglais, comme prévu par papa-maman.

— Marc va aussi en Angleterre, explique Joséphine. Mais, au mois d'août prochain, on avait pensé voyager en Grèce... et il nous faut des montagnes d'argent.

Vous soupirez intérieurement. Vous pressentez que le problème vacances va être redoutable, si le Comanche « fait l'année scolaire ». Vous n'envisagez pas un seul instant de lâcher votre petite pouliche seule à travers le monde avec l'Elu. Vous notez mentalement d'aller, vous, à l'église allumer des cierges à sainte Rita — patronne des causes difficiles — pour qu'elle fasse disparaître dans une trappe ce collant Comanche avant le mois de juin.

En attendant cette intervention miraculeuse, vous

vous retranchez derrière la phrase clef maternelle numéro un :

— On-verra-on-n'y-est-pas-pour-l'instant-prépare-ton-bac-de-français.

Gagner du temps à tout prix, telle est votre sournoise politique.

Mais, vous devez l'avouer, vous vous réjouissez secrètement de voir Petite Chérie craquer après deux jours de salades et se jeter sur un gigantesque hachis parmentier et un sublime saint-honoré que vous aviez insidieusement inscrits au menu du dîner. Vous ne tenez pas — pour l'instant — à ce que les rondeurs de votre cadette bien-aimée disparaissent. Tant pis pour le cinéma qui perd une figurante de rêve.

Mais Joséphine n'a pas abandonné son projet de gagner de l'argent. Ayant renoncé au 7e art, elle vous fait part de son désir d'être vendeuse-fleuriste le samedi.

Elle connaît la sœur d'un ami d'une fille en classe qui a gagné *un max* en livrant des bouquets en fin de semaine. Ah ? Une autre est pompiste, le dimanche. Un copain sert des hamburgers au MacDonald, le soir. Petite Chérie est enthousiaste. Le chômage, ça n'existe pas. Y a plein de petits boulots. Suffit de chercher. Vous ne jetez pas d'eau froide sur ce bel enthousiasme candide. Vous faites simplement remarquer à Joséphine que, si elle travaille le samedi, elle ne pourra plus voir ses copains.

Et, sous-entendu, l'Elu.

Voilà votre fille confrontée au dilemme que connaissent les adultes : gagner sa vie tout en la perdant.

Vous observez également que Petite Chérie est très gâtée en argent de poche et qu'elle pourrait commencer par économiser. Par exemple, sur la tonne de produits de beauté qu'elle consomme chaque mois. La vérité se fait jour. Joséphine dépense pour deux. Les parents du Comanche tiennent très serrés les cordons de la bourse de son argent de poche à lui. Pire, accuse Petite Chérie, ils sont effroyablement pingres. Tu te rends compte, maman, ils ne lui donnent rien de régulier. Juste un billet quand il sort.

Et c'est Joséphine qui paie. Les hamburgers. Le cinoche. Les cadeaux.

— J'adore donner des cadeaux, s'exclame-t-elle farouchement. Ce n'est pas un défaut tout de même !

— Mais je ne t'ai fait aucun reproche.

— Je t'ai entendue penser !

— Je me rappelais simplement que, quand j'avais ton âge, c'étaient toujours les garçons qui offraient le cinéma, les limonades et les gin-fizz (les soirs de folies).

Joséphine reste stupéfaite de ce comportement protohistorique.

— Maintenant, c'est celui qui a de l'argent qui paie. Alors, je ferai du baby-sitting, le soir, chez Justine.

Mise au courant, Fille Aînée ne montre, hélas, aucun enthousiasme. Elle a justement ce qu'il lui faut, actuellement, comme jeune fille au pair. Et craint que sa cadette bien-aimée, après un vague essai d'un soir, ne la laisse tomber. Ce manque de confiance ulcère Petite Chérie.

Avec une obstination que vous regrettez de ne pas lui voir appliquer dans ses études, elle circonvient la boulangère et finit, grâce à elle, par se faire engager pour garder, un vendredi soir, les deux bébés de la cousine du beau-frère de la nièce du boucher.

Elle part avec exaltation, ployant sous le poids de vos recommandations. Vous la suppliez de vous téléphoner en cas de problème. Vous êtes inquiète pour ces innocents petits confiés, imprudemment à votre avis, à des mains inexpertes.

Le lendemain, la prunelle-de-vos-yeux paraît au déjeuner le teint pâle et la mine défaite.

— Jamais je n'aurai d'enfants, jette-t-elle avec emportement.

Il apparaît que le baby-sitting de Petite Chérie n'a pas été de tout repos. Elle avait cru garder deux angelots qui auraient avalé en gazouillant leur dîner pour tomber ensuite, pouf ! dans un charmant et profond sommeil. Elle avait dû faire face à une paire de joyeux diablotins qui avaient lancé leur purée à la ronde, barbouillé le pull de leur jeune baby-sitter de compote de pommes et s'étaient refusés à s'endormir avant qu'elle ne leur chante toutes les vieilles chansons françaises connues. Ensuite, les parents, au lieu de rentrer à minuit comme promis, avaient prolongé leur soirée et n'avaient ramené Joséphine au nid familial qu'à 2 heures du matin. Tout cela pour le prix d'un dîner chez Hippopotamus. Sans dessert et sans entrée.

Petite Chérie ne reparla plus de baby-sitting ni d'aucun de ces charmants petits boulots dont elle vous avait entretenue.

Le ton de votre copine Sophie, au téléphone, est suraigu d'excitation :

— Devine ce que j'ai vu tout à l'heure, devant les Galeries Farfouillettes ?

Des soldes de serpents ? Des robots-plombiers se déplaçant dans l'heure ? Le Premier ministre en salopette annonçant une baisse du prix de l'essence ?

— Ta fille Joséphine qui faisait la manche.

Vous avez sûrement mal compris.

— Répète.

— Ta fille Joséphine qui faisait la manche tandis qu'un immense adolescent, avec une chevelure en forme de branche de saule pleureur et des lunettes noires, jouait du Vivaldi sur un violon.

— Tu es folle !

Non, elle n'est pas folle. Elle a raison. Vous êtes assommée par la nouvelle. Votre esprit se refuse à admettre que votre petite dernière couvée comme une porcelaine Ming puisse tendre la main aux passants sur le trottoir, telle une mendiante yougoslave.

— Comment était-elle habillée ? demandez-vous sottement.

— C'est cela qui m'a tiré l'œil. Avec un chapeau melon anglais.

Ce détail vous frappe au cœur. L'Homme a, en effet,

rapporté d'Angleterre ce couvre-chef bien britannique à sa fille adorée. S'il se doutait que celle-ci s'en sert pour faire la manche devant les Galeries Farfouillettes, il en aurait une attaque. A tout prix, empêcher ce drame.

Le téléphone resonne. C'est la vieille tante Madeline (la sœur de la mère de l'Homme). Une véritable vipère familiale. Elle croit avoir vu…, c'est sûrement une erreur…, sa petite-nièce Joséphine, devant les Galeries Farfouillettes, à 16 h 45, alors qu'elle — tante Madeline — était venue acheter des torchons en promotion. Joséphine portait un curieux chapeau melon anglais avec lequel elle faisait la quête dans la foule et elle était accompagnée d'un étrange garçon qui jouait du violon. A moins, ajoute-t-elle d'une voix doucereuse, qu'elle — tante Madeline — n'ait été victime d'une hallucination.

Vous répondez aussi doucereusement que vous n'oseriez jamais affirmer que tante Madeline puisse avoir des hallucinations, non, vous êtes bien trop polie pour cela. Simplement, il doit s'agir d'un sosie de Joséphine car, à cette heure-là… 16 h 45, dites-vous ? la petite-nièce de tante Madeline, votre fille cadette, était chez vous, en train de réviser sa composition de géographie sous vos yeux maternels.

Tante Madeline reste sans voix devant la fausseté impudente de votre affirmation. Mais se dégonfle d'accuser en face une honnête mère de famille de mentir aussi effrontément. Elle convient qu'en effet il doit s'agir d'un sosie de Joséphine. Tous ces jeunes se ressemblent tellement maintenant. Elle raccroche, furieuse.

Vous êtes, bien entendu, embêtée d'avoir menti. Votre conscience vous le reproche durement. Mais tante Madeline est une affreuse faiseuse d'embrouilles et si les échos de ses médisances revenaient aux oreilles de l'Homme… (Voir plus haut.)

Le téléphone re-resonne.

Il semble que les membres de votre famille au

complet, vos amies, vos relations, votre concierge se soient tous retrouvés avec un bel ensemble, à 16 h 45, devant les Galeries Farfouillettes, pour regarder Joséphine faire la manche au son du divin Vivaldi.

Vous vous obstinez dans votre histoire de composition de géographie. Qui commence à mentir mentira.

Et vous allez attendre votre cadette derrière la porte d'entrée qu'elle franchit avec son charmant sourire et le chapeau melon britannique. Celui-là, vous allez le brûler, cette nuit, dans la chaudière de l'immeuble.

— Veux-tu m'expliquer pourquoi tu mendiais devant les Galeries Farfouillettes à 16 h 45 ? hurlez-vous.

— Ah ! tu sais ! réplique Joséphine, ravie, d'une voix flûtée. Devine combien j'ai récolté ? 425 F en une heure. On se demande vraiment à quoi ça sert d'aller en classe et de passer des bacs idiots.

Vous l'arrêtez net dans ses considérations que vous connaissez par cœur. Et lui faites remarquer qu'après tout ces 425 F en question récompensent le travail du Comanche violoniste. Tra-vail, un mot clef de la vie (dans votre esprit s'entend).

Joséphine vous coupe à son tour dans vos propres considérations qu'elle connaît, elle aussi, par cœur.

— Tu sais, c'était une expérience formidable, vous confie-t-elle, extasiée. Une étude sur les réactions humaines... Y a des gens qui vous engueulent. D'autres qui vous donnent une pièce de 10 F. Ceux qui écoutent la musique. Ceux qui s'en foutent. Des qui rigolent. Je t'assure, c'est passionnant. Tu devrais essayer.

Vous imaginez, en un éclair, la tête de tante Madeline vous apercevant devant les Galeries Farfouillettes dans votre ensemble de Saint-Laurent (acheté en solde il y a très longtemps, mais Saint-Laurent tout de même), en train de crier « A votre bon cœur, m'sieurs-dames » en compagnie de votre fille cadette en chapeau melon et d'un Ver-de-pomme à violon.

Vous récupérez vos esprits. Et réclamez des ex-pli-ca-tions-j'at-tends.

— Marc désire une batterie, déclare Petite Chérie avec fierté, et ses parents ne veulent pas la lui acheter... ou plutôt ils n'ont pas les moyens, eux.

Nous y voilà. Y en a qui ont des sous et des ensembles en solde de chez Saint-Laurent : vous. Y en a qui sont si pauvres qu'ils ne peuvent acheter des batteries à leurs enfants.

— Foutaises ! vous exclamez-vous grossièrement. Quand on a une maison de campagne aux environs de Paris et qu'on va en vacances aux Seychelles (détails que vous avez réussi à extorquer à l'Elu dont — tiens, vous vous en apercevez brusquement — vous ne savez toujours pas le nom de famille), on peut acheter les instruments d'un orchestre entier à ses enfants. Et je te prie de t'abstenir à l'avenir de mendier sur les grands boulevards (vous croyez entendre parler votre propre mère). Tout le monde t'a vue, y compris cette vieille garce de tante Madeline. Et si ton père l'apprend...

— Vous êtes de sales bourgeois, voilà ce que vous êtes ! crie Petite Chérie, frémissante d'indignation.

Malheureusement pour elle, vous connaissez aussi par cœur cette discussion-là. Grâce à Fille Aînée. Si vous aviez reçu une perle rare chaque fois que votre Justine adorée vous a traitée de sale bourgeoise, vous seriez couverte de sautoirs du cou à la taille.

Vous foncez donc sur votre deuxième fille avec l'ardeur d'une fauconne sur une souris des champs. D'accord, vous êtes une sale bourgeoise. Mais vous, vous avez le mérite de l'être devenue à la force de vos petits poignets. Et de ceux plus puissants et velus de l'Homme. Tandis que Petite Chérie, elle, fait partie d'une catégorie sociale encore plus dégoûtante. Celle des enfants de sales bourgeois. Des gosses de riches. Des mangeuses de rumstecks, mérités par aucun travail (particulièrement en classe, soit dit en passant, toc).

Joséphine prend l'air ulcéré d'une huître aspergée de vinaigre. Et tente de stopper vos considérations furieuses en prétendant qu'elle n'a pas demandé à naître là où elle est née. C'est ça ! elle aurait préféré une hutte au Bangla Desh peut-être ?

Vous êtes interrompue dans votre débat politique par le retour de l'Homme de l'usine, bien que l'on soit samedi. Mais l'Homme est un sale bourgeois de patron qui travaille éventuellement le samedi, si nécessaire.

Il ne paraît pas surpris de trouver sa femme et sa fille en train de crier, rouges et décoiffées, dans l'entrée.

— Alors, demande-t-il aimablement à Joséphine, il paraît que tu fais la manche aux Galeries Farfouillettes ?

Ne plus *jamais* inviter tante Madeline à déjeuner.

Mais l'Homme éclate de rire.

Votre époux vous surprendra toujours. C'est peut-être une des raisons qui font que vous l'aimez encore au bout de toutes ces années de mariage (bourgeois).

— J'espère que ton violoneux et toi, dit-il à sa fille, vous savez ce que vous risquez ?

Joséphine ouvre de grands yeux. Stupéfaite du ton primesautier de son père. Qui lui signale que quêter sur la voie publique est interdit et peut entraîner les contrevenants à passer de longues heures au commissariat de police — lieu peu agréable entre tous — avant que papa-maman viennent les délivrer.

— Ensuite, avant de te lancer dans une carrière de mendiante, ajoute l'Homme réjoui, tu dois savoir que, depuis la Cour des Miracles et probablement bien avant, les meilleurs emplacements où s'installer pour tendre la main font l'objet de rivalités et de bagarres. Toi et ton petit copain, vous avez manqué de vous faire casser la gueule par d'autres candidats mendiants. Penses-y. D'autant plus qu'il n'a pas l'air tellement costaud, paraît-il, ton petit merdeux.

Jupiter, ayant parlé, se retire dans l'Olympe pour y lire son journal.

Petite Chérie ne refit jamais plus la manche. Ou changea de quartier. En tout cas, tante Madeline ne vous téléphona plus.

En revanche, vous recevez une convocation du directeur de l'école de Joséphine.

Catastrophe.

Vous n'avez jamais entendu parler d'un directeur d'école convoquant des parents d'élèves pour les féliciter. En tout cas, pas vous. Il paraît qu'il existe des enfants qui aiment l'école. Cela n'a jamais été le cas des vôtres. Fille Aînée s'étant révélée aussi habile à mener des chahuts au lycée qu'un délégué cégétiste à organiser des grèves chez Renault. Et Petite Chérie se contentant d'illuminer les cours de son charmant sourire tandis que son esprit vogue ailleurs, vers des sujets nettement plus intéressants tels que le rock, les fringues ou les garçons.

Pour vous, depuis vingt ans, toute convocation à l'école, réunion avec les professeurs ou autre rencontre scolaire (psy, éducateur, orthophoniste, etc.) signifie un discours sous-entendant clairement que vous êtes coupable d'avoir mis au monde des créatures constituant la plaie de l'établissement. Vous portez inlassablement au front les stigmates de la mauvaise mère de mauvaises élèves.

C'est donc avec un crabe dans l'estomac, une boule d'angoisse dans la gorge et la hantise du renvoi que vous vous rendez à la convocation du directeur. Il vous dit froidement bonjour (vous en avez l'habitude) et vous tend d'un air navré le cahier de français de Joséphine. Ou plutôt l'assemblage de feuillets en loques qui en tient lieu.

— Lisez, madame.

Et vous lisez. Les pages sont couvertes non pas de notes sur Montaigne ou Pascal — au programme —, mais de gribouillis avec l'orthographe fantaisiste de Petite Chérie (merci, merci, l'Education nationale ! merci, merci, la lecture globale !) : « Je t'aime de tout mon coeure... ce n'ait pas vrais que je suis sorti avec Françoi... je n'aime que toit... »

Auxquels répondent d'autres pattes de mouche informes, sans trop de fautes d'orthographe celles-là, ce qui met le comble à votre indignation : « Moi aussi, je suis fou de toi ! Tu viens chez moi, samedi soir ? Mes parents sont en voyage... On sera tranquille... »

« D'accord » a répondu Joséphine au feutre vert.

Accablée, vous n'osez regarder le directeur en face.

Un long silence, de ce silence si particulier aux bureaux des directeurs d'école.

— Il semble qu'il existe une idylle bien passionnée entre ces deux jeunes gens, je devrais dire enfants, remarque-t-il enfin. J'ai pensé qu'il était de mon devoir de vous avertir.

— Je suis au courant, balbutiez-vous. Mais je suis dépassée ! Avec les adolescents de maintenant, on ne sait trop quoi faire.

— Pas grand-chose, j'en ai peur, répond le directeur d'un ton las. C'est déjà très remarquable quand ils ne sèchent pas l'école pour jouer au flipper au café d'en face. Et apprennent que Pascal et Montaigne ne sont pas des joueurs de foot de première division. Cependant, dans le cas de votre fille et du jeune homme qui vous préoccupe, je dois vous avertir qu'ils s'asseyent côte à côte en classe, enlacés si étroitement qu'on ne passerait pas une page d'un volume de la Pléiade entre eux. Leur professeur a bien essayé de les séparer mais ils s'écrivent alors des petits billets dont vous avez lu un échantillon foudroyant et dont la circulation incessante dérange toute la classe.

Vous êtes si effondrée que vous ne pouvez qu'émettre un coassement désespéré.

Le directeur reprend :

— Si l'attachement de ce jeune homme et de Joséphine dure toute l'année scolaire (tiens, il raisonne comme votre copine Sophie), votre fille ratera certainement son examen de français du baccalauréat. Je tenais à vous prévenir.

Vous le remerciez de cette bonne nouvelle.

Et vous convoquez le soir même Petite Chérie pour une belle engueulade.

— Viens-dans-mon-bureau-j'ai-à-te-parler-sérieuse-ment.

Telle est la phrase maternelle numéro deux prononcée d'une voix glaciale grâce à laquelle vous essayez de terrifier vos filles. Vous y arrivez parfois. Justine vous a avoué récemment qu'elle redoutait encore d'entendre ces mots précurseurs d'un sévère coup de torchon.

Vous résumez à Joséphine votre conversation avec le directeur. Elle éclate en imprécations furieuses. D'abord, celui-là, il me HAIT ! Et puis ce n'est pas vrai qu'on ne travaille pas ! Marc me fait bosser. Il m'explique mes maths et je lui corrige son anglais.

Vous lancez un avertissement dramatique à votre adolescente debout devant votre bureau où vous officiez assise, les bras croisés, buste de la Colère Maternelle. Si les notes de Joséphine ne s'améliorent pas, vous et son père la mettrez en pension.

Loin de l'Elu.

— Je me sauverai ! hurle Joséphine d'une voix hystérique. Tu ne pourras pas nous séparer !

Le lendemain, vous déjeunez comme souvent avec vos meilleures amies. Une de ces réunions « entre bonnes femmes » que vous adorez, autour d'un pamplemousse-steak-salade. Une heure d'amitié, de bavardage et de rigolade arrachée aux trois-huit féminins : boulot-famille-dodo.

— C'est vrai que, si on tente d'intervenir dans leurs amours, elles risquent de fuguer, déclare amèrement Bettina, P.-D.G. d'une entreprise de peinture et dont une des filles s'est enfuie à dix-sept ans et demi en Amérique centrale avec un jeune guérillero nicaraguayen. Elle, Bettina, avait dû aller la rechercher, à travers la jungle, dans un camp d'entraînement où la jeune créature s'initiait au maniement de la Kalachnikov, au lieu de lire Platon — au programme.

Pour la réconforter, vous lui racontez le cas de la fille de votre copine Bernadette ressortie de son squat avec quinze kilos de moins et une fleur de cannabis tatouée sur l'épaule (six mois plus tard, elle réclamait une greffe de peau).

— Et si elles ne se sauvent pas, elles peuvent devenir dangereuses, se lamente Catherine. Ma Virginie a été folle d'un type qui avait fait de la taule pour diverses charmantes agressions contre des vieilles dames. Et, un jour où il a osé téléphoner à la maison et que je lui ai raccroché au nez en l'insultant, Virginie s'est jetée sur moi en hurlant et en me battant : « T'as pas le droit ! T'as pas le droit ! » J'ai eu les yeux au beurre noir pendant un mois. Et maintenant elle vit avec un costume-trois-pièces et me parle avec l'accent anglais.

Sophie vous fait remarquer que vous avez de la chance dans votre malheur. Petite Chérie découvre la musique classique. Au lieu d'apprendre à reconnaître les différentes origines du H (le marocain, le colombien, l'asiatique, etc.). Ou de potasser la vie d'éphémères formations de rock.

— Tant qu'ils ne sont pas drogués, loubards, maquereaux ou mariés, on peut s'estimer heureuses, reprend Bettina.

L'approbation est générale.

— Quant à la pilule, remarque Catherine, je remercie le bon Dieu tous les matins de son existence. Est-ce que vous vous rappelez comme nous avions peur à leur âge de tomber enceintes ? Quelle terreur ! Quel cauchemar au moindre retard ! Quand je raconte cela à mes filles, elles me regardent avec des yeux ronds comme si j'étais une néanderthalienne de *La Guerre du feu*.

— Pourtant, je connais une mère, révèle Sophie, qui a une fille B.C.B.G. portant kilt et mocassins, qui n'a jamais regardé un garçon ni réclamé la pilule ni fumé un seul joint.

Tout le monde convient que cela ne durera pas. La malheureuse mère mange son pain blanc. A moins que sa fille ne soit demeurée. Ce qui serait pire dans un sens.

Les mères de garçons ont-elles autant de soucis ? On se tourne vers Victoire qui en a quatre. Elle avoue qu'ils lui causent bien des insomnies, eux aussi. L'aîné s'était cassé les deux jambes en sautant de la fenêtre de la chambre de sa belle où il s'était glissé nuitamment. La jeune personne avait envoyé sa petite sœur — occupant un lit jumeau — dormir avec son oreiller et sa couverture dans les w.-c. Où l'avait découverte avec surprise le père passant par là. Il avait défoncé la porte des amoureux à coups de pied. Le Roméo, terrorisé, s'était jeté du deuxième étage. D'où les jambes cassées et un père (celui de la jeune vierge) hurlant dans le téléphone comme un coyote enragé.

Le deuxième garçon de Victoire n'aimait que les femmes plus âgées. Il avait commencé à treize ans avec la monitrice d'une colonie de vacances et se laissait facilement offrir des cadeaux par ces dames. Il a l'âme d'un mac, gémit la mère. Le troisième était un don Juan et le téléphone de Victoire était perpétuellement encombré d'appels de filles désespérées, implorant ses conseils.

Quant au plus jeune, il l'avait appelée un matin de juillet, de la Côte d'Azur, en P.C.V., alors qu'elle était en pleine réunion de travail avec de grands patrons américains. La secrétaire laissa entendre qu'il avait dû avoir un grave accident de moto. Victoire s'était jetée sur le téléphone pour entendre son fils crier :

— Ça y est !
— Quoi ?
— J'ai fait l'amour !
— Hein ?
— Il y a une heure ! C'est super !

Et il avait raccroché.

Le déjeuner avec vos copines s'achève gaiement sur la conclusion que ce n'est pas de la tarte d'élever des enfants.

Néanmoins, avant de les quitter, vous quémandez un conseil. Que faire avec Petite Chérie dont les amours mettent en péril son avenir scolaire ? Et vos scrupules vis-à-vis de la pilule ? Et votre lancinante sensation de ne pas être une mère à la hauteur ? Oui, que faire ?

RIEN, tel est le cri général.

« Quand nos filles sont amoureuses, elles font n'im-

porte quoi, il faut assumer ! » Voilà le seul encouragement que vos copines consentent à vous donner. Puis
elles vous abandonnent en vous assurant de leur
sollicitude.

4

Voilà deux mois que vous en rêvez. Un Noël familial dans la petite maison du Lot. A votre étonnement, Fille Aînée, l'oiseau des villes, se montre enthousiaste. Monsieur Gendre ne dit mot mais consent. L'Homme fera un effort. Il a un travail fou-fou-fou même/surtout pendant les fêtes. Mais il viendra remplir son rôle de Chef de Tribu devant sapin, enfants, bûche de Noël et dinde aux marrons cuite dans le four du boulanger du village.

Seule Joséphine s'oppose violemment à votre projet. Qu'est-ce qu'on va aller foutre dans ce bled perdu, en plein hiver ? glapit-elle. Ce bazar de crèche, de réveillon, de messe de minuit, de cadeaux, quelle galère ! Et puis je ne vais pas passer mes vacances TOUTE SEULE EN PLEINE CAMPAGNE.

Vous lui faites remarquer qu'elle ne sera pas isolée dans un igloo en Alaska. Mais entourée de l'affection de sa famille au complet, dans une maison qu'elle adore d'habitude, avec de grands feux dans les cheminées, des promenades exaltantes au bon air du causse, etc.

Petite Chérie ne veut rien entendre. Elle claque les portes, crie très fort pour qu'on l'entende même de la loge de la concierge, jette ses livres de classe à la volée un peu partout.

— Je croyais qu'elle aimait le Lot ? s'étonne l'Homme.

Vous ne répondez pas. Vous savez ce qui tracasse votre cadette adorée.

Quinze jours sans voir l'Elu.

Inhumain.

Du reste, le poète l'a remarqué : un seul être vous manque et la campagne française devient pire que le désert de la Mongolie Extérieure.

Quelques jours plus tard, Petite Chérie vous coince dans la salle de bains avec cette expression de chatte câline que vous connaissez bien : elle va vous demander quelque chose.

Exact.

— Tu crois, murmure Joséphine précautionneusement (vous croyez entendre la petite chatte marcher sur des œufs), que papa serait d'accord si j'invitais Marc à passer Noël, avec nous, dans le Lot ?

— Je crains que non, répondez-vous gentiment, Noël est une fête de famille et papa serait surpris d'y voir Marc.

— Bon, reprend Joséphine, se repliant sur des positions visiblement préparées à l'avance. Et si j'allais passer Noël chez Marc à la campagne ? Je serais dans une famille, après tout.

— Certes, mais pas la nôtre. Et là, je suis sûre que ton père serait franchement furieux. Pourquoi ? Le Comanche, je veux dire Marc, t'a invitée chez lui ?

— Ouais… Enfin, heu, il a dit que ça poserait pas de problèmes si y demandait.

— Je ne suis pas aussi sûre que toi. Ses parents sont au courant de vos relations ?

— Ben, pas tellement. Surtout que sa mère, elle me HAIT.

Vous en avez le souffle coupé. Quoi ? Une mère oser ne pas adorer votre trésor, votre bijou, votre petite merveille, la prunelle-de-vos-yeux ?

Vous croyez rêver.

Votre indignation est d'autant plus grande que cette monstresse est, elle-même, la mère d'un grand Ver-de-pomme à l'air débile, qui joue du violon comme une râpe à fromage et n'arrive pas à la cheville de la douceur-de-vos-vieux-jours.

— Comment ça, elle te hait ?

— Ben, au téléphone, elle fait toujours semblant de ne pas me reconnaître. Ou alors elle se pince le nez pour répondre d'une voix déguisée que son fils n'est pas là alors que je l'entends jouer du violon dans le fond. Ou encore elle me demande trois fois mon nom de famille…

Tiens, cela vous rappelle quelque chose.

— Et quand je vais chez eux, continue Joséphine, elle me dit à peine bonjour.

— Eh bien, n'y va plus ! Il ne faut jamais s'imposer chez personne.

— Mais j'aime aller écouter Marc répéter sur son violon, gémit Petite Chérie. Tu ne peux pas savoir comme il joue bien et comme il est beau quand il répète son Mozart !

Non. Vous ne pouvez pas savoir. Vous ne pouvez même pas l'imaginer. Mais vous ne dites rien. Autant faire remarquer à Juliette que Roméo a les pieds palmés.

— En fin de compte, tu vois bien que chacun passe Noël dans sa propre famille et que Marc ne reste pas non plus à Paris.

Joséphine se replie dans une troisième tranchée. Faisant montre d'un sens de la stratégie digne de ses ancêtres militaires.

— Ouais, mais, le 31 décembre, Stéphanie donne une soirée chez elle. Est-ce que tu me laisserais remonter seule à Paris pour y assister ? Ma maman, je t'en prie !

Tout s'éclaire pour ma-maman : ces messes basses au téléphone, ces allées et venues frénétiques, cette agitation contenue que vous avez notées depuis quelques jours. Vous pouvez parier que la soirée de Stéphanie n'est organisée que pour permettre à Petite Chérie de retrouver son Comanche bien-aimé. Et qu'en ce moment Stéphanie est en train de convaincre sa mère de la laisser fêter le réveillon du 31 décembre avec ses copines. Sans les parents, comme il se doit. Qui devront, eux, célébrer l'année nouvelle chez d'autres parents dont les enfants s'empresseront d'aller réveillonner chez d'autres adolescents dont les parents, à leur tour, quitteront leur appartement, etc. C'est le jeu des chaises de Noël. Les parents qui n'ont pas trouvé d'amis pour les accueillir finissent en catastrophe au restaurant.

L'Elu est probablement dans la cuisine de sa propre mère en train de la persuader de le laisser rentrer à Paris pour assister à la soirée de Stéphanie. Bref, d'intenses conciliabules ont lieu un peu partout entre parents et adolescents au sujet de ce sacré réveillon de Joséphine.

Et vous, vous faites face à une petite personne prête à tout, même à s'enfuir en auto-stop ou à voler la bétaillère de votre voisin, pour être à Paris le 31 décembre.

Vous soupirez intérieurement. Vous savez que vous allez céder.

Pas avant d'avoir livré un petit baroud d'honneur.

— Tu sais que je n'aime pas trop que tu restes seule dans l'appartement. D'autant plus que la concierge part réveil...

— Pas de problème ! Je dors chez Stéphanie. Elle m'a invitée, coupe Joséphine.

Beau travail de *Kriegspiel*. Vous êtes cernée.

Vous avez alors recours à la phrase clef maternelle numéro trois :

— Je-vais-en-parler-à-ton-père.

Cela ne signifie rien du tout dans le cas présent. Vous n'en parlerez pas à l'Homme. Il s'en fiche. Ou plutôt il vous fait confiance pour ces détails de la vie familiale. A tort. Il serait fâcheusement étonné d'apprendre le nombre de décisions déplaisantes — pour ses filles — que vous lui avez lâchement attribuées.

Joséphine ne s'y trompe pas. Elle vous saute au cou.

— Mais c'est le dernier salon où l'on s'embrasse, dit

l'Homme, surgissant justement comme un traître de comédie. De quoi s'agit-il ?

— Des vacances de Noël.

— A propos, demande le Père à sa cadette chérie, qu'est-ce que tu veux comme cadeau ?

— Une *gratte*.

— Une quoi ?

L'Homme ne pratique pas le jargon adolescent.

— Ben, une guitare.

— Mais tu ne sais pas jouer de la guitare ! remarque le Père, éberlué de découvrir chez sa fille une brusque appétence musicale.

— Justement, c'est pour apprendre.

L'Homme se tourne vers vous.

— Elle n'a pas déjà assez de travail avec son examen ?

Vous répondez diplomatiquement que l'emploi du temps de Joséphine lui permet une heure de musique par-ci par-là. D'autant plus que vous savez (vous ne le dites naturellement pas, vous ne voulez pas passer pour une éteigneuse d'enthousiasme juvénile) qu'après quelques heures, blottie contre l'Elu à le regarder avec extase lui expliquer comment on pince les cordes, Petite Chérie laissera sa guitare trôner, abandonnée, sur le haut de sa bibliothèque.

Fille Aînée vous a aussi fait le coup.

Vous supposez qu'il y a un âge de la guitare comme celui de la première dent ou du premier vélo. Mais vous avez constaté que la possession de la *gratte* suffit à calmer les rêves de ces Manitas de Plata en herbe. Tous les adolescents que vous connaissez désirent ou possèdent des *grattes*. Aucun n'en joue.

Le Noël à la campagne est parfaitement réussi, de l'avis général. Seule Petite Chérie continue à ne pas partager la bonne humeur ambiante. Au lieu de rester à bavarder en famille devant le feu ou de partir en bande se promener dans les bois, elle ne cesse de courir au village. A pied. A bicyclette. Dans la camionnette du facteur (strictement interdit par les P.T.T.) ou juchée sur le tracteur du voisin.

Tout lui est bon pour aller s'enfermer plusieurs fois par jour dans la cabine téléphonique installée sur la place, devant la petite église romane (étonnant anachronisme).

Pour parler-parler-parler avec le Comanche lui-même exilé en lointaine Normandie. Car le téléphone dans votre maison des champs n'a pas de long fil permettant de l'emporter loin de l'entrée, lieu de passage permanent des oreilles familiales ennemies. Vous supposez que tout l'argent donné par sa grand-mère à Petite Chérie, en cette fin d'année, pour s'acheter la petite chaîne en or de ses rêves, est en train d'enrichir les P.T.T.

L'occupation quasi permanente de la cabine du village par votre cadette ne passe pas inaperçue. Une demi-douzaine de personnes vous demandent, en riant sous cape, si votre téléphone est cassé pour que la « petite Joséphine » campe ainsi sur la place de l'Eglise. Vous répondez, souriante, qu'en effet un bruit de friture désagréable perturbe votre ligne — peut-être les branches de votre gros noyer frottent-elles contre les fils ? avance M. Delpech, dépositaire du Butagaz et de *La Petite Dépêche du Quercy*. Vous convenez gravement qu'il faut d'urgence élaguer les branches du noyer. Personne n'est dupe.

Quand elle n'est pas dans sa cabine, un gros sac de pièces de monnaie autour du cou, Petite Chérie présente l'image maussade de l'amour contrarié. Vous la priez, un peu rudement, d'arrêter de faire la gueule. Vous désirez que ces vacances familiales ne soient pas gâchées par le visage désespéré en permanence de la prisonnière du goulag familial. Joséphine se le tient pour dit. Il ne s'agit pas de mettre en péril la promesse du retour à Paris qu'elle vous a arrachée.

Le soir du réveillon du 31 décembre, à minuit, le téléphone sonne. C'est Petite Chérie qui vous souhaite tendrement, de Paris, la bonne année. Dans un bruit infernal de musique rock et de clameurs d'adolescents. Votre cœur en est tout réchauffé. La douceur-de-vos-vieux-jours a eu une pensée pour sa mère. Mais, curieusement, sa voix vous semble un peu nerveuse.

— Tout va bien ? interrogez-vous, le ton plein de sous-entendus et en appuyant sur le « tout ».

— Ouais, ouais, extra !

— Tu es sûre, TOUT va comme tu veux ?

— Ouais, ouais ! T'énerve pas !

— Bon.

La maison du Lot rangée et refermée (deux jours complets de travail et trois kilos de blé empoisonné répandus pour empêcher les souris de dévorer joyeusement vos matelas et vos couvertures), vous rentrez à Paris.

Pour trouver votre appartement plongé dans un silence qui ne vous laisse présager rien de bon, dès la porte. L'Homme est en train de lire un bouquin comme il les aime, gros comme un paquet de sucre. Et Joséphine semble absente. En tout cas, aucun bruit de musique démentielle ne s'échappe de sa chambre.

— Elle a l'air un peu malade, dit l'Homme.

Vous foncez.

Petite Chérie est étendue sur son lit, les yeux grands ouverts fixant un plafond hostile, l'air tragique d'une Ophélie dérivant dans un torrent de désespoir.

— Tu as de la fièvre ?

Un « je ne sais pas » gémissant vous répond.

Vous passez la main maternelle de la maman-infirmière sur le front de la malade. Il vous paraît bien frais.

En revanche, les joues sont trempées de larmes.

— Ma chérie, qu'est-ce qui se passe ?

Un sanglot déchirant vous répond. Joséphine s'enfouit dans votre giron comme un bébé voulant rentrer dans le sein de sa mère. Vous la bercez. Allons, allons, raconte à ta maman ce qui ne va pas.

Petite Chérie vous avoue son lourd secret.

Son drame.

Non, elle n'est pas enceinte !

C'est pire.

Comment ça, *pire ?*

Ses copines adorées, oui, Stéphanie et Laurence, détestent l'Elu. Si, si, vous avez bien entendu. Elles osent ne pas apprécier le Grand Amour de Joséphine. Elles n'arrêtent pas de se moquer de lui. D'accabler Petite Chérie de commentaires sarcastiques, voire franchement odieux : « Pourquoi tu sors avec ce minable ?... » « Tu l'as bien regardé avec sa mèche et ses lunettes noires ? Il est d'un ringard !... » « Sa musique classique, on s'en fout ! Il ne va même pas aux concerts d'Higelin... » « Putain ! comment tu fais pour aimer un type aussi con ?... » « Et aussi moche... Moi, j'aurais honte de me montrer dans la rue avec un mec pareil !... » « Mais qu'est-ce qui t'attire en lui ? Il ne dit jamais rien d'intéressant. Il est bêêêête... Si encore il était beau. Mais non !... » « Il sourit jamais et, quand il sourit, c'est de travers. Il est sûrement faux cul... » « Tu ne nous feras pas croire qu'il fait bien l'amour ! Il a le genre qui dit " déloque-toi " et tu le fais, pauvre idiote ! » « D'ailleurs, tu sais ce qu'elle raconte, Anne-Laure ? Qu'il a une autre nana et que, s'il sort avec toi, c'est parce que tu lui paies des pots et que tu lui fais son anglais !... »

Un vrai bombardement au bazooka.

Joséphine suffoque, défaille, se tord les bras, ulule.

Ecartelée entre son Amour et ses copines adorées.

— Les salopes ! Les salopes ! siffle Joséphine dans vos bras. Et si tu voyais les garçons avec qui elles sortent... des minables... des débiles... des *taches !*

Vous en restez pantoise.

Vous n'avez jamais soupçonné tant de brutale franchise dans les rapports de la Bande des Trois. Vous auriez adoré assener vous-même à Petite Chérie les quatre vérités que ses copines adorées lui ont lancées à la tête. Mais ce qu'une adolescente supporte d'autres

86

adolescentes, elle ne l'admettrait jamais de sa mère. Vous devez vous borner à continuer de prier sainte Rita — bien qu'elle ne se dépêche guère, celle-là, de faire disparaître le Comanche dans sa trappe. Et espérer que les mauvaises graines lancées à la volée par Stéphanie et Laurence pousseront dans le cœur de Joséphine. En attendant, votre rôle à vous est de la consoler. Vous lui parlez doucement de la vie-qui-n'est-pas-simple-oh-non, de l'incompréhension-des-autres-oh-oui, bref de tout et n'importe quoi.

Petite Chérie n'écoute pas, repliée sur son chagrin, mais le ronronnement apaisant de votre voix et la chaleur du sein maternel la réconfortent.

Elle se redresse. Elle a retrouvé sa combativité. Elle défendra son amour bafoué, incompris, moqué.

— Les chiennes ! Tu vas voir ce qu'elles vont prendre ! Je ne veux plus jamais leur parler. Jamais.

Vous doutez que ce serment dure plus de deux heures.

Du reste, le téléphone sonne. Stéphanie, justement.

Petite Chérie se jette sur l'appareil.

Vous sortez discrètement.

Les vacances terminées, la vie familiale et scolaire reprend son cours tranquille. L'Elu continue à hanter vos couloirs, votre Frigidaire et la chambre de Petite Chérie. Quant aux démêlés avec ses copines, Joséphine ne vous en souffle plus mot. Le téléphone continue de carillonner.

Un mardi après-midi, Petite Chérie rentre seule de l'école et s'en vient taper à la porte de votre bureau. Ce qui est strictement défendu par la Loi Maternelle, quand vous êtes en train d'écrire. Mais elle entre, l'air de la petite chatte qui, cette fois, a bu un bol de crème fleurette. Ses moustaches invisibles frémissent d'excitation. Vous comprenez qu'il vient d'arriver quelque chose de tellement important que Joséphine est incapable d'attendre que vous émergiez de votre travail pour vous en parler. Du reste, elle ne vous laisse même pas le temps de protester. Elle est hors d'elle.

— Marc-m'a-invitée-à-passer-le-prochain-week-end-chez-ses-parents-à-la-campagne. Est-ce-que-je-peux-y-aller ?

Splash. Badaboum.

Vous étiez là, bien tranquille, penchée sur des documents historiques concernant la vie de Claude Chappe, inventeur du télégraphe en 1792, et voilà qu'il vous faut calmer une jeune personne qui est dans un tel état d'ébullition que vous craignez qu'elle n'explose sous vos yeux. Vous envisagez bien de bondir vous réfugier dans un abri antiatomique au cri maternel numéro un *bis :* « On-verra-je-vais-réfléchir. » Mais vous sentez que, tel un arbitre de Wimbledon face à un Mac Enroe déchaîné, vous risquez de vous faire injurier gravement. Vous tentez alors une manœuvre de diversion :

— Je croyais que sa mère ne t'aimait pas ?

— Ouais, mais sa sœur invite des copains et il y aura toute une bande. Alors, elle a pas pu refuser.

— La sœur de qui ? De la mère ?

— Mais non, voyons ! (Le ton de Joséphine indique qu'elle est affligée d'une mère retardée mentale.) La sœur de Marc.

Parce que le Comanche a une sœur comanche ? Première nouvelle.

— Ouais. Elle est plutôt sympa. Elle joue du piano. Et elle a plein de copains musiciens et danseurs.

Si vous dites non, de but en blanc, à ce week-end artistique, la cocotte minute va éclater. C'est sûr. Vous prononcez lâchement la phrase clef maternelle numéro trois : « Je-vais-en-parler-à-ton-père. »

Cette fois, c'est vrai. Malgré son travail qui lui absorbe l'esprit, l'Homme risque de remarquer l'absence pendant deux jours de sa cadette adorée.

— Mais toi, tu serais d'accord ?

— Pourquoi pas, si tu me jures de bien te tenir ?

Petite Chérie ouvre des yeux stupéfaits.

Voilà en effet une expression qui n'a pas plus de sens pour sa génération d'adolescents que les grognements de nos ancêtres les gorilles.

— Ça veut dire quoi exactement, ça ?

— Par exemple, que Marc et toi ne vous regardiez pas les yeux dans les yeux comme les merlans frits et tous les amoureux du monde. Ça veut dire : « Attitude réservée. »

— Mais t'es malade ! (Vous ne relevez pas l'impertinence.) Déjà qu'elle ne m'aime pas, la mère. On aura l'air de rien.

Mais qui galopera la nuit d'une chambre l'autre, dans les couloirs aux parquets craquants de la maison ?

Détestable dilemme. Si vous refusez l'invitation comanche, vous aurez sur les bras pendant un mois une Dame aux camélias en train d'agoniser bruyamment. Vos nerfs ne tiendront peut-être pas. D'un autre côté, vous trouvez que ces deux jours passés dans l'Autre Famille constitueront un pas de plus vers l'officialisation du jeune couple et cela vous déplaît fortement.

Vous en parlez à l'Homme, le soir même. D'une façon tellement emberlificotée que la situation se présente ainsi : Joséphine est invitée à passer le week-end chez son copain le violoniste. Point.

— Si cela te tracasse tellement, veux-tu que je l'abatte à coups de carabine ? demande gentiment l'Homme de derrière son journal.

Vos craintes concernant l'usage abusif de sa carabine par le Père contre tout amoureux de sa Petite Chérie étaient bien fondées.

— Je ne sais pas si cela résoudrait l'ensemble des problèmes.

— Cela résoudrait celui du week-end prochain.

— Je crois que nous pouvons dire oui, pensez-vous à voix haute, ce sera une expérience pour Joséphine.

Le vendredi soir, Petite Chérie prend le train avec exaltation et sa garde-robe au complet dans une énorme valise. Vous lui faites observer qu'il s'agit d'une invitation de deux jours. On ne sait pas le temps qu'il fera ni ce qu'on fera, observe-t-elle avec fébrilité. J'ai besoin d'un maximum d'affaires pour parer à tout.

Et charmer son Prince.

Son retour est prévu dans l'après-midi du dimanche. Vous êtes en train de regarder vaguement une émission de télévision. En fait, vous n'êtes pas sortie de la maison tellement vous êtes affamée de savoir comment s'est passé le week-end de Joséphine.

Elle entre au pas de charge dans le salon et y laisse violemment tomber son chargement de vêtements.

— C'est des cons ! annonce-t-elle.

— Qui ?

— Les parents de Marc !

Ah bon !

— Cela s'est mal passé ?

— Ben, pas très bien. J'ai pas arrêté de gaffer. Parce que, tu comprends, j'ignorais que c'étaient des profs. Et même pire. Des éducateurs, des psychologues, des graphologues scolaires ou quelque chose comme ça. Et moi, j'ai balancé tout ce que je pensais sur l'école.

Oh ! la la la ! Vous pouvez imaginer la scène. Le dîner familial. L'atmosphère dite sympa. Les questions doucereuses. Et votre pétulante Joséphine, votre petit cuirassier de Reichshoffen chargeant sabre au clair sur sa bête noire : l'Ecole. Autrement dit : la galère, le bagne, l'enfer. On n'y apprend rien sur la vie. On s'y emmerde à mourir. Les études, c'est nul. Le bac, c'est bidon. Les profs, des tordus, des malfaisants, des rigolos. Exemple : celui de maths, complètement taré, qui injurie ses élèves. Ou le prof de français qui raconte ses problèmes personnels. Un fêlé. Ou celui d'histoire-géo qui boit et arrive le nez tout rouge. Un malade lui aussi. Etc.

Les parents de l'Elu en sont restés le souffle coupé. Petite Chérie a senti que l'atmosphère devenait moins « sympa ».

Mais le pire était à venir.

« Et que fait ton père ? » a demandé la mère du Comanche.

Ah ! ah ! une autre mère curieuse.

« Ben, il travaille à son usine...

— Et il fait quoi, à son usine ? »

Des questions aussi précises, vous, vous n'oseriez pas !

Joséphine a brusquement senti qu'elle s'avançait en terrain miné. Elle a hésité. Mais votre digne héritière n'a pas reculé.

« Ben, c'est le patron !

— Tu veux dire que ton père est le patron de son usine ?

— Ben, ouais ! »

— Alors là, dit Joséphine, ils m'ont regardée avec horreur. Et j'ai compris que, pour eux, j'étais une sale gosse de riches. Une petite bourgeoise. Il y a eu un de ces silences, tu croirais pas. Je savais plus où me mettre ! Et puis merde ! J'allais pas leur raconter que son usine, papa l'avait créée lui-même et tout seul. Putain ! ce que les gens sont cons ! Et tu sais ce qu'elle a ajouté, la mère, après ?

— Non !

— Elle a demandé ce que tu faisais, toi ! Une vraie fliquesse, cette bonne femme ! Alors, j'ai répondu que tu écrivais... des bouquins d'histoire et des articles... Et elle a dit : « Ah ! ça, c'est mieux !... » Tu te rends compte ! Pour un peu, j'avais honte de vous !

— Ma chérie, dites-vous solennellement à votre fille, tu as découvert, pendant ce week-end, l'absurdité de la lutte des classes.

Petite Chérie ne fut plus jamais réinvitée dans la tribu des Comanches antibourgeois.

5

Petite Chérie entre dans la cuisine.

— Je vais t'aider à éplucher les légumes, annonce-t-elle en saisissant un couteau.

Cette subite bonne volonté éveille votre méfiance. Vous gardez un silence prudent.

Joséphine gratte sa carotte avec une telle application qu'elle la réduit à l'état de bâtonnet. Elle se décide :

— Pour les vacances de février, tu me laisserais aller faire du ski, seule avec des copains ?

Ce moment, vous l'attendez de pied ferme (non, de pied hésitant) depuis la naissance de vos filles : les premières-vacances-entre-copains-loin-des-parents.

— Où ? Chez qui ? Avec qui ? demandez-vous laconiquement.

Petite Chérie attaque une pomme de terre qu'elle transforme en bille.

Tout en vous expliquant son projet de façon subtilement confuse. C'est un truc formidable, ma maman ! « On » a la possibilité de louer à Chamonix l'appartement du frère de la belle-sœur d'une amie de Laurence. « On » serait huit et, divisée en huit, la location du deux-pièces reviendrait à rien du tout. Et comment vivrez-vous à huit dans deux pièces ? Ben, les sacs de couchage, c'est pas fait pour les chiens. Ensuite, « on » partagerait en huit les frais de nourriture. Prix de revient : rien du tout non plus, surtout si on bouffe beaucoup de pâtes et de riz chinois. Enfin, un copain du frère de la belle-sœur de l'amie connaît un moniteur de ski qui ferait des prix à « on » pour des leçons qui, à huit, reviendraient à... pffffttt, toujours rien du tout. Bref, des vacances vraiment pour moins que rien du tout. Ce qui ne peut que réjouir les parents. C.Q.F.D.

Les parents sont toujours contents, bien sûr, d'envisager des séjours en montagne aussi peu coûteux pour leurs petits chéris. Mais la mère — créature abominablement curieuse — aimerait savoir qui est ce « on » qui accompagnerait Joséphine dans ces vacances merveilleusement bon marché à Chamonix.

Les explications se font alors plus embrouillées. Ben, y aurait tout le monde. Qui c'est ça, tout le monde ? (Décidément, la mère en remontrerait au Service des renseignements généraux.)

Stéphanie, Laurence, son frère Paul, Georges, etc.

C'est justement ce « etc. » qui vous intéresse.

Joséphine lâche le morceau : le « etc. » cachait bien le Comanche.

— Ah si ! Il y aura peut-être aussi Marc, avoue-t-elle comme si elle le découvrait en parlant. Si ses parents sont d'accord.

Tiens, les éducateurs soixante-huitards et antibourgeois surveillent drôlement leur fils.

La vie de mère est jalonnée de « premières fois » redoutables pour un esprit inquiet comme le vôtre. La « première fois » où vos petites filles ont été toutes seules à l'école et où vous avez imaginé à chaque seconde, pendant un mois, qu'un automobiliste fou allait les écraser sur le boulevard. La « première fois » où elles sont parties en colonie de vacances et où vous n'êtes pas arrivée à croire, pendant trois semaines, qu'elles n'étaient pas malades, loin de votre œil maternel. La « première fois » où elles sont allées danser à une soirée et où vous n'avez pas dormi de la nuit, persuadée que de jeunes voyous leur offraient du H ou versaient du L.S.D. dans leur coca. La « première fois » où elles s'envolent seules avec les copains... eh bien, vous y êtes. Le problème étant de savoir si c'est bien le moment de dire oui. Trop tôt ? Trop tard ? Non, trop tard, vous le savez à la marée de récriminations qui vous submerge : « Ça fait deux ans que les autres partent en vacances en bande sans leurs parents, et moi j'ai l'air d'une débile... »

L'envie vous prend de vous décharger sur autrui du fardeau de cette première fois-là.

— Et si tu demandais à ton père, directement ?

Petite Chérie pâlit. Elle sait que son projet présente, aux yeux de l'Homme, deux inconvénients majeurs : 1) pas d'adulte pour surveiller son Trésor ; 2) des garçons certainement tous obsédés par le désir de violer sa Petite Chérie. L'idée que sa Petite Chérie puisse être obsédée par le désir de violer tous les garçons ne l'a jamais effleuré.

Vous admirez, les jours suivants, la féroce énergie déployée par Joséphine pour obtenir l'accord paternel.

— Vous êtes trop jeunes, toi et tes copains. Vous allez faire toutes les conneries, a d'abord répondu l'Homme d'un ton sans réplique.

Vous assistez alors à un fabuleux numéro de séduction de Petite Chérie. Ce n'est que petit-papa par-ci, petit-papa par-là. Tu te plains toujours que je ne fais pas assez de sport. C'est vrai, dit le Père, et j'aimerais beaucoup que... Eh bien, à Chamonix, je pourrai faire non seulement du ski, mais du ski de fond. La petite maligne sait que l'Homme, qui n'a jamais eu dans son enfance l'argent, puis plus tard le temps de faire quelque sport que ce soit, est un adepte fervent — en paroles — du ski de fond. Le Père paraît ébranlé. Du ski de fond, vraiment ? Tous les jours ? Mais bien sûr, jure Petite Chérie. D'immenses randonnées de ski de fond, dans la neige vierge et l'aube violette. Dans les yeux de l'Homme passe une nostalgie. Quand je pense qu'à ton âge je n'ai pas eu la chance... Joséphine le coupe rapidement car les souvenirs de la vie difficile et tumultueuse de l'Homme constituent une longue et inépuisable saga.

Petite Chérie repart à l'attaque sur un deuxième

front : les parents de Stéphanie et de Laurence sont d'accord. Là, il y a non pas mensonge mais léger brouillage de la vérité. Les parents de Stéphanie et de Laurence sont d'accord *si* vous êtes d'accord. En fait, ils sont aussi hésitants que vous, chacun attendant que l'autre dise non pour se retrancher derrière un : « Tu vois bien, les parents de Joséphine ne veulent pas. »

Alors, Petite Chérie abat sa dernière carte. Son atout. La sœur d'une copine d'une cousine de Laurence (une vieille d'au moins vingt-cinq ans) habitera dans le studio d'à côté. Et surveillera tout le monde. Préviendra immédiatement en cas de jambe cassée. Bref, la caution adulte. Mon petit-papa, sois gentil, dis oui !

Saoulé de paroles douces, embrassé, cajolé, monpetit-papa, éperdu, dit oui. Après tout, c'est une bonne idée que cette enfant fasse un peu de ski de fond, non ?

Vous admirez en silence le travail.

Les mères de Stéphanie et Laurence téléphonent pour vous signaler qu'elles ont eu, elles aussi, l'occasion de s'émerveiller du talent de séductrice de leurs filles qui ont mis leurs pères respectifs dans leurs petites poches. Vous sentez un certain agacement dans leurs voix.

Quant au coup des soupirants accompagnant ces demoiselles, les Pères n'y voient que du feu.

L'Homme a, cependant, un dernier sursaut.

— Tu les connais, toi, ces garçons ? vous demande-t-il. Est-ce qu'ils sont convenables ?

Vous apprenez à l'Homme qu'il doit rayer le mot vieux-français de « convenable » de son vocabulaire. La question doit être posée autrement. Est-ce que ces jeunes gens fument du H ? Oui, sûrement, un joint de temps à autre. Mais pas de drogues dures. Alléluia ! Font-ils partie d'une secte Moone, Hare Krishna ou autre ? Apparemment pas. Alléluia ! Alléluia ! Auront-ils avec les petites chéries des relations amoureuses ? Vous ne dites pas sexuelles, la naissance du Petit Garçon de sa Fille Aînée adorée ayant déjà été une douloureuse surprise pour l'Homme.

— Bof! dit l'Homme, ils sont tellement nombreux qu'il leur sera impossible de s'isoler.

De ceci vous êtes moins sûre. Vous avez déjà constaté que, si le sens de l'organisation fait défaut aux adolescentes dans la vie quotidienne, il se révèle remarquable dans leur vie amoureuse. Et puis, qu'arrivera-t-il de plus dans le chalet de Chamonix que dans l'appartement désert des parents du Comanche?

Donc, après avoir couru comme une folle pour équiper votre cadette des pieds à la tête comme si elle devait affronter le Grand Nord et les photographes de *Vogue* réunis, vous la déposez avec Stéphanie et Laurence à la gare bondée, hérissée de skis. Vous avez été autorisée à conduire ces demoiselles jusque-là à cause du nombre de leurs valises qui effraierait Liz Taylor elle-même.

Vous faites jurer à Petite Chérie de vous téléphoner dès son arrivée et ensuite, si possible, tous les deux jours.

Les appels se révèlent très laconiques. Tout formidable. Neige formidable. Ski formidable. Si, si, je te jure, je fais du ski tous les après-midi. Et pourquoi pas le matin? Là, la communication devient inexplicablement mauvaise. Puis le son revient. Ne t'inquiète pas. Salut! Je t'embrasse! Clac!

Il y a un « mais ». Vous le sentez. Mais vous n'avez qu'une solution. Attendre. Les trois quarts de la vie d'une mère.

Retour de la skieuse. Vêtements incroyablement sales. Peau curieusement peu bronzée. Mine fermée.

Vous devez encore patienter deux jours avant d'apprendre la vérité.

Des drames avaient agité la montagne.

D'abord, de la bande des huit, personne ne voulait faire la vaisselle. Ni le ménage. Ni les lits. Ni la cuisine. Prétextant qui une descente urgente sur la grande noire, qui une leçon particulière avec un moniteur bénévole et beau garçon, qui une randonnée à l'aube, etc. Bref, les corvées ménagères étaient revenues à la moins prompte à se lever le matin. La moins sportive. Petite Chérie. Qui avait dû consacrer une grande partie de son temps à des tâches qu'elle ignore superbement à la maison. Et qu'elle déteste.

Comble de l'amertume, sans l'aide de l'Elu.

Car le Comanche, autre déprimante découverte, s'était révélé un skieur acharné devant l'Eternel. Laissant la damoiselle de ses pensées seule devant les montagnes d'assiettes sales tandis qu'il dévalait les autres, neigeuses.

Des paroles acides furent prononcées.

Mais il y eut pire.

L'Elu skiait en compagnie d'une créature en doudoune rouge, rencontrée au détour d'une piste violette et qui s'était mise à l'accompagner dans les descentes les plus schuss tandis que votre Joséphine chasseneigeait à cinq à l'heure sur la piste des débutants. Au milieu des enfants.

Les copines — justement indignées et détestant toujours autant le Comanche, qui avait changé ses petites lunettes noires contre d'immenses en forme de soucoupe — se chargèrent de transformer votre agnelle en tigresse ivre de jalousie et de sang. La montagne retentit de cris. Il y eut grande scène, bouderie, menace de représailles, réconciliation, re-dispute (la doudoune rouge ne lâchait pas sa proie).

Et Petite Chérie rentrait avec, au cœur, comme une petite blessure d'amour.

Mais telle l'eau qui reprend son aspect lisse après le caillou lancé dans le lac, la vie de Joséphine redevint paisible. Le Ver-de-pomme battait toujours semelle crêpe dans votre appartement.

La lettre arriva au courrier du matin.

Pour Joséphine.

De Chamonix.

Vous regardez l'enveloppe avec surprise. Petite Chérie n'écrivant jamais (un mot, une faute : merci, merci, l'Education nationale et la lecture globale réunies !), c'est la première fois qu'elle reçoit du courrier. En dehors de vos propres lettres qui ne comptent pas, bien évidemment.

Vous mourez d'envie d'ouvrir l'enveloppe. Et de prétendre ensuite que c'était une erreur. Non. La voix de votre conscience vous crie que vous devez respecter la correspondance d'une adolescente. De toute façon, vous retrouverez la lettre par terre dans la chambre de Petite Chérie quand vous y entrerez pour le ramassage des pots de yaourt vides et des épluchures de bananes cachées sous le lit. Et, quand vous rangez, comment empêcher vos yeux de lire ce qui leur tombe dessous? (Votre copine Sophie prétend qu'un message abandonné est un appel à être lu.)

Dès que Joséphine rentre de l'école (tiens, seule?), elle pousse un cri de surprise à la vue de l'enveloppe portant son nom, la regarde en tous sens comme un objet étrange et va s'enfermer dans sa chambre avec. Sans commentaires.

Vous n'y tenez pas.

Vous pénétrez dans le repaire.

— On t'écrit de Chamonix?

Joséphine ouvre de grands yeux.

— Comment tu sais que ça vient de Chamonix?

— Le cachet de la poste!

— Ah? fait votre cadette, très Princesse Daisy débarquant sur une planète inconnue, la poste met son cachet?

Cette génération connaît décidément mieux le téléphone que le courrier postal.

— Tu t'es fait des amis à Chamonix?

— Ouais.

— Qui travaillent là-bas?

— Ouais.

Le coup du moniteur de ski. Joséphine aurait-elle flirté avec un splendide montagnard pour se venger de l'Elu et de sa skieuse de choc en doudoune rouge?

Vous savez qu'une mère moderne respecte les petits secrets de sa fille. Mais votre drame est là. Vous n'êtes pas une mère moderne mais un monstre rétro dévoré de curiosité.

— Qu'est-ce qu'il fait ?

L'idée ne vous est même pas venue qu'il pouvait ne pas s'agir d'un garçon.

Petite Chérie prend tout à coup un air gêné.

— Il est... heu... C.R.S.

— Il est quoi ?

— C.R.S... Mais pas les C.R.S. qui tapent sur les gens dans la rue. Non. Ceux qui font du sauvetage en montagne. C'est chouette, tu sais, comme boulot. Et l'été, ils font du sauvetage en mer.

L'admiration gonfle sa voix.

— Tu as raison, remarquez-vous, c'est formidable de risquer sa vie pour les autres.

Joséphine semble rassérénée par votre approbation.

— Et tu l'as rencontré comment, ton C.R.S. ?

— A la boîte de nuit.

Tiens, vous aviez toujours cru qu'on rangeait les C.R.S. dans leurs casernes le soir, après les avoir sortis de leurs cars.

— Tu comprends, ajoute Petite Chérie, il était en jean comme tout le monde et je ne pouvais pas me douter qu'il était C.R.S. Mais, deux jours après, il est venu me voir en uniforme avec calot et tout. Tu ne peux pas savoir comme les autres m'ont insultée. Ils se sont foutus carrément de moi tout le reste du séjour. Tu ne diras à personne, hein, qu'il m'a écrit !

Vous jurez.

— Surtout qu'il est très gentil, rêve Joséphine, nostalgique. Il m'emmenait fermer les pistes avec lui, le soir, et, comme je skie comme une pantoufle, il allait tout doucement.

Vous n'auriez jamais supposé une telle délicatesse dans les rangs des Compagnies républicaines de sécurité. Ah ! ce n'est pas l'affreux Ver-de-pomme qui serait capable d'une aussi charmante attitude !

— Et tu ne devineras jamais, finit par avouer Joséphine, ce qu'il y avait dans sa lettre ?

Des baisers en forme de croix ? Un cœur dessiné au feutre rouge ? Sa photo en costume de combat, l'air d'un insecte japonais ?

— Un petit bouquet de fleurs séchées.

Vous n'en croyez pas vos oreilles. Des fleurs séchées en 1985 ? D'un C.R.S. ?

— Et toi, tu es amoureuse ?

— T'es folle. C'est juste un copain. Moi, je sors avec Marc.

Hélas.

Vous préférez de beaucoup, instinctivement, le C.R.S. aux délicieuses attentions. Quant au côté copain, *de votre temps,* envoyer des fleurs séchées à une jeune fille signifiait autre chose que : « Tiens, v'là le salut d'un bon pote. » Vous notez également que, curieusement, les rites de la cour fleur bleue semblent se perpétuer dans les Compagnies républicaines de sécurité. Vous ne l'auriez jamais cru.

Puis vous oubliez l'affaire.

D'autant plus que Joséphine est très agitée. Le Comanche a décidé d'abandonner le violon. Au profit de l'informatique.

Petite Chérie n'approuve pas ce choix. C'est la faute de ses parents, accuse-t-elle, de vrais charlots qui ne parlent que métier d'avenir et rentabilité.

Vous ne vous mêlez pas de donner votre avis. Vous espérez toujours opiniâtrement que le Ver-de-pomme aura disparu de la vie de votre dernière fille avant d'avoir pu approcher un ordinateur.

Un dimanche, on sonne à la porte. Vous allez ouvrir. Un grand gaillard aux cheveux ras réclame Joséphine. Partie au cinéma avec ses copines voir un de ces films d'horreur qui enchantent les foules mais vous empêcheraient — si vous y alliez — de dormir seule à la campagne. Le colosse paraît accablé.

— Je lui ai pourtant écrit pour lui annoncer ma visite, remarque-t-il tristement, mais elle ne m'a pas répondu.

— Joséphine ne répond jamais aux lettres, dites-vous avec gentillesse, pour consoler le malheureux.

Vous avez compris la situation.

— Vous venez de Chamonix ?

— Oui, madame. Je passe la journée à Paris et j'aurais été content de voir votre fille..., avec votre permission, ajoute-t-il poliment.

Votre opinion sur les C.R.S. s'améliore à vue d'œil. Vous vous promettez de ne jamais leur jeter de pavés à la tête, quelles que soient les circonstances. Ce n'est pas le maudit Comanche qui vous aurait demandé votre permission pour enlever votre Petite Chérie.

— Joséphine doit rentrer vers 5 heures.

— Je repasserai, si c'est possible.

— Vous feriez mieux de téléphoner avant. Parce que, avec Joséphine, l'heure n'est pas toujours l'heure.

Le grand gaillard vous salue fort civilement et disparaît, ébranlant l'escalier de son pas martial.

— Qui était-ce ? demande l'Homme, en train de boire paisiblement son café.

— Un C.R.S.

— Un C.R.S. ? s'exclame l'Homme, indigné. Qu'est-ce qu'il voulait ? Je me demande si les flics ont le droit de venir vous emmerder chez vous, le dimanche. Passe-moi le numéro de téléphone de l'avocat !

— Ne t'agite pas. C'est un C.R.S. qui voulait voir notre fille, dites-vous malicieusement.

Comme prévu, l'Homme reste pétrifié. Puis explose :

— Qu'est-ce qu'elle a encore fait, cette petite folle ? Mais, d'abord, elle est mineure. C'est à moi qu'il doit parler. Je te dis de me passer le numéro de téléphone de l'avocat.

Il est temps de calmer le Père avant qu'il devienne tout rouge, pique une colère folle et fonce à son bureau télexer son mécontentement à la préfecture de police, au ministère de l'Intérieur, à la présidence de la République, etc.

— Ne t'énerve pas. C'est un C.R.S. que Joséphine a

rencontré en montagne où il faisait le sauveteur breton avec un tonnelet de rhum autour du cou. Il semble qu'il éprouve un petit sentiment pour notre chérie.

— Tu veux dire qu'un C.R.S. est amoureux de ma fille ?

Vous ne résistez pas à la tentation. Pardon, petit Jésus, pour la promesse non tenue.

— En tout cas, il lui écrit et lui envoie des fleurs séchées.

L'Homme en reste la bouche ouverte. Un peu de café lui dégouline sur le menton.

— Des fleurs séchées ? Tu es en train de dire qu'un C.R.S. court la montagne pour cueillir des fleurs qu'il fait sécher et qu'il envoie à ma fille ?

— Et alors ? Ils ont un petit cœur comme les autres, derrière leur bouclier. Et celui-là me paraît particulièrement romantique.

— J'ai déjà un gendre qui a failli préparer l'E.N.A., déclare l'Homme avec irritation. Je ne veux pas maintenant d'un gendre flic.

— Je te rappelle que Joséphine a seize ans et demi et tout le temps de tomber amoureuse d'un pacifiste, d'un aviateur, d'un motard, d'un sous-lieutenant de cavalerie, sans compter le Turc qui défonce la rue au marteau-piqueur cette semaine.

Quand vous apprenez à Petite Chérie, retour du cinéma, que le charmant représentant des Compagnies républicaines de sécurité doit lui téléphoner à 5 heures, elle manifeste une certaine réticence :

— Ah non ! Dis-lui que je ne suis pas rentrée et que je ne reviendrai pas avant...

— Pourquoi ? Je croyais que c'était un bon copain.

— Ouais, mais il colle ! Et Marc va me faire la gueule.

Misère ! Petite Chérie est fidèle au Ver-de-pomme.

Le malheureux C.R.S. (que vous aviez, vous, pris en affection) rappela sans succès, écrivit d'autres lettres auxquelles Joséphine ne répondit pas et finit par comprendre. Le silence tomba de la montagne. Mais Petite Chérie conserva jalousement ses fleurs séchées dans son tiroir secret.

C'est alors que le drame éclata.

6

— Joséphine ! Mets le couvert, s'il te plaît !

Contrairement à l'habitude, aucun « ouiiiiiii ! » exaspéré, paraissant venir d'une contrée lointaine, ne vous répond. Pourtant, vous êtes sûre d'avoir entendu — malgré le cliquetis infernal de votre chère vieille machine à écrire — le bruit de la porte d'entrée.

— Joséphiiiiiine !

Silence.

Vous entrez dans sa chambre. Plongée dans le noir. Vous allumez. Personne ? Si. Un petit tas, tel un oiseau aux ailes brisées, enfoui sous la couette du lit.

— Mais qu'est-ce que tu as ?

Voix farouche de dessous la couette :

— RIEN.

La même éternelle angoisse vous poignarde. Enceinte ! Malgré la pilule, votre fille est enceinte ! Comme toujours, votre imagination se met à galoper. Gynécos. Discussions déplaisantes. Course contre la montre. Horrible décision à prendre. Intervention ignoble. Dieu merci, les choses sont moins cruelles que par le passé. Mais dramatiques tout de même. Vous ne pouvez donc vous empêcher de murmurer :

— Tu es enceinte ?

La couette hausse les épaules furieusement. Plus obsédée que vous, y a pas.

Vous tentez de glisser la main compatissante de la maman-infirmière sur le front de Petite Chérie. Mais la couette se débat et vous voyez en surgir un visage convulsé de douleur et de haine.

— J'aimerais qu'on me foute la paix dans cette maison ! crie hystériquement la douceur-de-vos-vieux-jours.

Vous vous retirez avec le plus de dignité possible. Vous n'osez même pas parler de l'éventualité de manger de la soupe à une créature aussi visiblement bouleversée. Vous entendez derrière vous la clef de la porte tourner. Et des sanglots éclater. Déchirants.

Petite Chérie présente tous les symptômes d'une crise amoureuse. Cela ne vous surprend pas. Voilà quinze jours que vous n'avez pas entrevu le Ver-de-pomme-comanche-aux-lunettes-noires.

Au dîner, l'Homme s'inquiète de l'absence de sa cadette dont on entend les hoquets étouffés sous la couette.

— Dieu du ciel, qu'est-ce qu'elle a ?

— Chagrin d'amour, je pense.

— Ah bon ! fait l'Homme, visiblement soulagé. Mais ce n'est pas une raison pour hurler à la mort comme ça. Vraiment, les filles, quelle plaie à élever !

— Parce qu'à toi ça ne t'est jamais arrivé d'avoir un chagrin d'amour ?

— Non, dit l'Homme avec humour, tout le monde sait que j'ai un croûton desséché à la place du cœur.

(Et un ordinateur à mémoire dans la tête, car c'est un reproche que vous lui avez fait il y a quinze ans.)

— Si je te quittais, tu n'aurais pas une larme ?

— Décidément, c'est une manie chez toi de vouloir me quitter, remarque l'Homme, égayé, sans quitter la télé des yeux.

— Je ne suis pas si vieille. Je pourrais tomber follement amoureuse d'un autre homme.

L'homme sourit, carrément amusé. Cela vous tue. Il y a des moments où vous donneriez cinq ans de votre vie pour avoir dix ans et sept kilos de moins, la gueule de Marylin et le courage de vous enfuir avec un patineur olympique. Hélas, vous êtes comme Petite Chérie. Fidèle.

La nuit s'avance. Le son des sanglots de Joséphine s'élève toujours du fond de sa couette. Vous pressez un immense jus d'orange et vous tapez doucement à sa porte. Qui s'ouvre. Le désespoir assoiffe et Petite Chérie se jette sur votre boisson désaltérante. Vous en profitez pour vous asseoir sur son lit.

— Tu ne veux pas me dire ce qui ne va pas ?

Son visage redevient farouche.

— Y a RIEN.

— Tu sais que tu peux toujours me parler si tu le veux et quand tu le veux, insistez-vous, image épatante à votre idée de la mère moderne.

Seul un silence buté vous répond.

Le lendemain, Joséphine part en classe, le teint défait, les yeux gonflés par les larmes, les cheveux pendouillants et habillée n'importe comment. Vous mesurez la gravité de la situation.

Elle revient dans le même état. S'enferme à clef dans sa chambre. Refuse de dîner. Sanglote. Etc.

— Ça va durer longtemps, cette comédie ? grogne l'Homme, pour la forme, car vous savez que son croûton desséché en forme de cœur ne supporte pas, en réalité, d'entendre pleurer sa Petite Chérie.

Symptôme le plus inquiétant de sa maladie d'amour, outre la disparition totale du Comanche, votre cadette ne veut même pas parler au téléphone à ses copines adorées. Dis-leur que je suis malade, murmure-t-elle d'une voix mourante. Vous essayez de les questionner. Tu sais quelque chose, Stéphanie ? Joséphine m'inquiète depuis trois jours. Mais la complicité adolescente joue à plein. Non, madame, on n'est au courant de rien, répond Stéphanie d'une voix sépulcrale. Du reste, la Bande a déserté votre maison, probablement pour respecter le désespoir de Petite Chérie. Et ce silence inhabituel vous empêche de travailler.

Attendre, comme d'habitude.

Pas longtemps.

Coup de téléphone du secrétariat de l'école. Madame, le directeur voudrait vous voir le plus vite possible. Encore ! Cette fois, vous n'y couperez pas : c'est le Renvoi.

— Tu ne sais vraiment pas ce que le directeur veut me dire ? demandez-vous, effondrée, à Joséphine.

— Non ! ment-elle, les yeux baissés.

Vous vous rendez à l'école avec une fois de plus votre crabe dans l'estomac, les jambes tremblantes, les mains moites. Le directeur vous reçoit encore plus sèchement que d'habitude, si c'est possible.

— Etes-vous au courant ?

De quoi, grand Dieu ? Vous bredouillez :

— Joséphine ne va pas très bien en ce moment. Je vais l'emmener voir le médecin.

— Oh ! fait le directeur, je crois que c'est inutile dans le cas présent. Je vois que vous ignorez que Joséphine s'est attaquée à une élève plus jeune, Violette Brun, et a tenté de la noyer en lui enfonçant la tête dans la cuvette des w.-c. Heureusement qu'un surveillant a pu intervenir.

Vous, personne n'intervient pour vous aider à vous remettre. Votre Petite Chérie si douce, si câline, si charmante. Transformée en folle meurtrière !

— Pourtant, d'habitude, ma fille n'a pas un caractère... heu... si violent, bégayez-vous dans un souffle. Peut-être a-t-elle été provoquée ?...

— Peut-être, répond froidement le directeur. Mais où irions-nous si toutes nos élèves tentaient de se noyer mutuellement dans les cabinets ? Je ne vous cacherai pas que le conseil de discipline s'est réuni et que nous envisageons de renvoyer votre fille...

Et voilà ! Calamité des calamités. Retrouver une école en plein second trimestre ? Impossible. Surtout avec le carnet de notes de votre cancresse doublée brusquement d'une bête fauve. Perspective d'une année scolaire fichue. Redoublement. Etc. Vous perdez toute dignité. Vous implorez le directeur. Il s'agit sûrement d'une bêtise, d'une bagarre d'enfants, d'un geste irréfléchi. L'avenir de Joséphine ne doit pas en être brisé. Vous allez lui parler sévèrement. Vous promettez. Vous jurez. Vous plaidez comme si votre vie en dépendait et que vous deviez monter, Petite Chérie et vous, dans la charrette de la guillotine.

Le directeur se laisse émouvoir. Ou peut-être craint-il que vous ne fassiez de l'occupation sauvage dans son bureau. Vous y songez, en effet. Bon. Il veut bien garder cette petite panthère dans son établissement mais à condition que ses mœurs s'adoucissent. Et qu'elle fasse un effort au point de vue travail (pendant qu'on y est). Au revoir, madame.

Au moment où vous allez filer sans demander votre reste et avant qu'il change d'avis, il vous rappelle. Votre cœur s'arrête. Ça y est, il a changé d'avis !

— Je crains, dit le directeur, que ce jeune homme dont nous avions parlé la dernière fois ne continue d'exercer une mauvaise influence sur votre fille. Vous devriez vraiment essayer d'intervenir.

— Je voudrais bien mais je n'y arrive pas, avouez-vous.

— Je sais, madame, murmure alors le directeur. Non seulement je dirige cet établissement mais j'ai trois filles !

Il est visible que ces trois filles-là lui en font voir autant que toute l'école réunie.

Vous vous regardez. Un courant de compréhension passe.

— Bon courage, monsieur le directeur, dites-vous en refermant sans bruit la porte.

Joséphine rentre pour le déjeuner. Ou plutôt arrive flottant comme le fantôme de la Dame-en-blanc-au-couteau-planté-dans-le-cœur.

— J'ai-à-te-parler-dans-mon-bureau, annoncez-vous du ton glacial qui accompagne la redoutable phrase maternelle numéro deux.

Petite Chérie devient blanche mais marche au supplice, tête haute.

— Qu'est-ce que c'est que cette histoire de fille dont tu as plongé la tête dans les cabinets, à l'école ?

— Une salope qui le méritait! crie farouchement Joséphine.

Elle a perdu son air de martyre. Ses yeux lancent des éclairs. Némésis brandissant le glaive de la Vengeance.

— Et qu'avait-elle fait pour encourir pareil traitement ?

— Elle sort avec Marc et elle raconte partout que c'est elle que Marc aime et que je m'accroche à lui!

— Et ce n'est pas vrai ?

— Non! Non!

Petite Chérie fouille fiévreusement dans sa besace, en extrait un papier froissé, vous le tend d'un geste dramatique. Vous lisez, gribouillé d'une écriture d'analphabète que vous connaissez déjà : « Pauvre conne... c'est toi dont je suis fou! »

— Tu vois bien, triomphe Joséphine.

Vous vous sentez soudain très vieille. Vous dites doucement :

— Es-tu sûre qu'il n'écrive pas la même chose à l'autre ?

— Elle a treize ans et demi! Un bébé! C'est elle qui se colle à lui! Et puis il me dirait la vérité.

Oh! mon trésor naïf!

Vous continuez votre vilain travail d'adulte :

— Les garçons, les hommes mentent parfois, tu sais.

Joséphine vous regarde avec horreur. Pauvre petite pomme! Passionnée, jalouse, crédule. Vous avez envie de la prendre dans vos bras et de lui raconter la vie. Mais l'expérience amoureuse ne se transmet pas, vous le savez bien, et votre bébé doit subir seul l'épreuve du feu.

— Ecoute, dit le Juge assis à votre place derrière son bureau, tu peux mieux que moi juger du caractère de Marc (plus menteuse que vous, il n'y a pas non plus). Mais je te demande deux choses. D'abord de ne plus attaquer cette Violette Truc, sinon c'est le renvoi de l'école. J'ai dû pratiquement me mettre à genoux, ce matin, pour qu'on te garde. Ensuite, je te conseille d'essayer d'être lucide. (Qu'est-ce que vous racontez là ? Qui est lucide en amour ? Mais en avant pour les belles phrases, cela fait partie de votre rôle de mère tel que vous l'imaginez et les chants inutiles sont les chants les plus beaux, etc.) Si tu t'aperçois que ton Comanche, enfin Marc, te préfère une autre fille, il faut que tu apprennes à rompre dignement. Très important... de ne pas s'accrocher comme une nouille !

— Je ne m'accroche pas comme une nouille ! hurle Joséphine, folle de rage. Et il m'aime. Mais ça, tu ne peux pas le comprendre, bien sûr !

— Et pourquoi ?

— Tu n'as jamais été amoureuse. T'as épousé papa et basta !

Comment raconter à sa fille que sa mère est restée, elle aussi, à sangloter sur son lit pendant des jours, toutes persiennes closes, l'oreille collée contre le téléphone comme une moule à son rocher ? Attendant une sonnerie qui ne venait jamais. Que, toute honte bue et malgré son baratin actuel sur la lucidité et la dignité et patati et patata, la mère en question n'a pas rompu fièrement mais s'est roulée aux pieds d'un grand dadais dédaigneux, implorant un mot gentil ? Comment raconter à sa fille que sa mère passait des heures à traîner devant une station de métro dans l'espoir de LE rencontrer *par hasard ?* Et qu'elle guettait les lumières de sa chambre, assise sur un banc à 2 heures du matin. Non, inutile d'évoquer ces folies à l'adolescente qui se tient devant vous. Elle ne les croirait pas. Vous n'êtes pas une femme. Vous n'avez jamais été une jeune fille exaltée, transie de passion. Vous êtes sa mère. Un bloc de granit qui n'a pas pu se livrer à ces déraisonnables agissements.

En revanche, cela vous réconforte un peu de constater que, si les rapports des adolescents vous semblent parfois étranges, en fin de compte la chanson est la

même. Passion. Jalousie. Mensonges. Larmes. Etc.
Vous voilà revenue en terrain connu.

Petite Chérie vous jure qu'elle va maîtriser sa jalousie (vous n'en croyez pas un mot : vous n'avez jamais
connu de jaloux capable de maîtriser sa jalousie) et, *en
tout cas,* ne plus essayer de noyer sa rivale dans quelque
w.-c. que ce soit.

Joséphine a tenu parole.

Vous n'avez plus entendu parler de Violette Truc.
Ni du Ver-de-pomme.

Il a déserté vos couloirs et la chambre de votre petite
dernière. Il n'appelle même plus au téléphone pendant
le dîner. Le poster le représentant a été arraché du mur
par une main vengeresse.

Le chagrin de Petite Chérie fait peine à voir. Vous
avez du mal à vous retenir de la serrer contre vous et de
la cajoler. Vous savez qu'elle vous repousserait. Vous
restez donc impassible.

Même quand elle refuse de déjeuner, de dîner ou
d'avaler le moindre yaourt.

Même quand elle éclate en sanglots dans son bain
que nulle bougie parfumée n'éclaire plus.

Même le jour où elle vous crie hystériquement :

— Je LE hais ! Je LE hais !

— Oui, oui ! Calme-toi !

— Tu sais ce qu'il a fait ? On l'a vu jouer du violon
aux Tuileries et c'est ELLE qui faisait la manche.

Petite Chérie s'écroule en larmes sur son lit et mord
rageusement son oreiller.

Les copines visitent Joséphine comme une grande
malade. Ça chuchote ferme. Eternellement curieuse,
vous tendez une longue oreille. Vous entendez : « Mais
balance-moi ce con !... » « T'es pas folle de penser
encore à lui ?... » « C'est un pourri ! » « Il t'a larguée,
ce salaud, et tu ne veux pas le reconnaître, pauvre
idiote ! »

Vous courez acheter des piles de croissants à ces
demoiselles pleines de bon sens et de cruelle franchise

112

et vous proposez un grand chocolat chaud à la ronde. Vous avez beaucoup de succès. Vous entendez même Joséphine rire.

Et puis, un soir, pendant les informations télévisées, comme d'habitude, le Comanche de la tribu des Vers-de-pomme-aux-lunettes-noires téléphone. Par hasard et en grommelant, c'est vous qui décrochez. Sa voix semble inquiète. Il a raison. Vous aimeriez l'injurier bassement, lui raccrocher brutalement au nez, l'étrangler à distance avec le fil des P.T.T. Mais vous réussissez à garder un ton poli et vous allez prévenir Joséphine que le traître est au téléphone.

Petite Chérie serre les dents.

— Dis-lui que je ne veux pas lui parler.

Avant qu'elle ait pu changer d'avis, vous vous ruez sur l'appareil et vous répercutez la nouvelle sans nuances. Et tchac ! vous raccrochez. Prends ça dans la gueule, mon petit bonhomme !

Vous savez que vous avez tort. Papa Freud et ses copains vous blâmeraient de tant vous impliquer dans les amours de votre fille. Et ils en concluraient leurs horreurs habituelles. Mais maman Freud vous comprendrait. Et puis tant pis, vous êtes trop contente d'être débarrassée de ce Ver-de-pomme-à-pattes.

D'autant plus qu'après ce coup d'éclat et quelques jours de dolence la grande malade retrouve un air vif et résolu :

— Les garçons, c'est fini pour moi ! vous annonce-t-elle avec cette certitude qui fait le charme des adolescents. Désormais, je vais me consacrer à mon travail.

Vous la félicitez.

Sans trop espérer tout de même.

7

— Vous l'avez remarqué ? Elles ne veulent plus partir !

— Qui ça ?

— Nos filles. Nos petites dernières. Celles entre seize et vingt-trois ans.

Le déjeuner entre copines a lieu aujourd'hui chez Catherine. Elle a trouvé un filon de jeunes employées mauriciennes qui déplacent languissamment sa poussière et cuisinent de fabuleux curries qui vous arrachent la gueule.

— Il y a dix ans, reprend Catherine, mon aînée Virginie était comme une furie pour quitter la maison. Eh bien, la deuxième, Amélie, qui a vingt-trois ans, s'incruste carrément. Quant à Marie-Fleur, elle n'y songe même pas.

— C'est vrai que mon Anémone prétend qu'elle est follement heureuse chez ses parents, remarque Sophie, et qu'elle ne voit pas pourquoi elle irait ailleurs.

Vous n'arrivez pas à croire ce qu'elles racontent !

Vous vous rappelez que l'unique objet de l'ambition des quinze ans de Fille Aînée était de déménager dans la chambre du sixième. Dite *chambre de bonne.* Vous aviez répondu par la phrase clef maternelle numéro un : « On-verra-passe-ton-bac-d'abord. » A l'idée de vivre libre et non plus dans le dégoûtant confort d'un appartement abjectement bourgeois, étouffée par l'affection conformiste de sa mère (Vous), surveillée (très vaguement) par l'œil patriarcal décadent de son père (l'Homme), Justine avait brusquement opté pour une brillante scolarité et passé son bac avec mention.

Quand elle vint vous annoncer son triomphe, son seul commentaire à vos compliments ravis fut : « Et-maintenant-quand-est-ce-que-je-m'installe-là-haut ? »

Elle daigna cependant attendre quelques semaines. Le temps que vous fassiez repeindre la pièce. Installer un lit-divan, une jolie table-bureau, un lavabo, un chauffage, des rideaux à fleurs et une minuscule kitchenette. *Chambre de bonne* certes, mais classe *Maisons et Jardins*.

Le dernier coussin posé sur le lit, Justine grimpa avec deux valises de vêtements, ses posters préférés et sa chaîne hi-fi dont le bruit provoqua une émeute chez les femmes de ménage espagnoles de l'étage.

La première nuit où Fille Aînée dormit hors du nid familial, l'Homme déprima. L'auteur de vos enfants est un Patriarche qui aime sentir son clan serré au complet contre lui.

— Mais elle n'est pas loin ! Juste deux étages au-dessus de ta tête.

L'Homme restait inconsolable. Débordant de doutes sur lui-même :

— Tu crois que j'ai été un mauvais père ?

— Sûrement. Et moi une mauvaise mère. Tu sais bien qu'actuellement la mode veut qu'il n'y ait que de mauvais parents. Ou tu en fais trop, ou tu n'en fais pas assez. Mais, de toute façon, tu fais mal.

— Pourquoi veut-elle tant nous quitter ? gémit le compagnon de votre vie.

— Le vent de la liberté emporte nos enfants ! Mais ne t'inquiète pas : c'est comme si elle vivait dans une annexe.

Vous aviez tort. Ce n'était pas la chambre de Justine qui était une annexe de votre appartement mais votre appartement qui devint une annexe de la chambre de Justine.

Elle commença par emporter de chez vous quelques babioles.

— Mais c'est mon vase 1930 et ma timbale d'argent ! vous êtes-vous exclamée lors d'une visite destinée à lui apporter balai et serpillière. (Avec une certaine perfidie, vous devez l'avouer. L'idée d'une Justine confrontée quotidiennement aux corvées ménagères vous ravissait.)

— Tu ne vas pas faire un drame pour un vase et une timbale ! Je les adore et tu ne les regardes pratiquement jamais.

Vous avez abandonné toute idée de récupération bourgeoise.

La chambre du sixième ne possédant pas de douche, il était prévu que Fille Aînée viendrait prendre la sienne au foyer familial.

A n'importe quelle heure du jour ou de la nuit.

Vous vous êtes longtemps demandé si Justine ne possédait pas une longue-vue à rayons infrarouges, comme dans les films d'espionnage, ou des micros clandestins, pour surveiller votre appartement. En effet, dès que vous sortiez faire des courses ou déjeuner rapidement dehors, hop ! elle se glissait dans votre salle de bains.

En rentrant, vous découvriez avec étonnement d'énormes flaques d'eau un peu partout et toutes les serviettes de la famille indistinctement trempées.

Même surprise avec le Frigidaire.

Au moment de préparer le dîner, vous constatiez brutalement l'absence totale de lait, de beurre, d'œufs. Il vous fallait attraper votre imper et votre sac et foncer chez le crémier en train de descendre son rideau de fer.

— Où vas-tu ? criait l'Homme, installé dans son journal.

— Chercher des œufs pour une omelette.

— Tu ne pouvais pas y penser avant ?

— C'est ta Fille Aînée adorée qui a piqué tout ce qu'il y avait dans le frigo.

L'Homme gardait alors le silence. Ces histoires d'intendance ne concernaient pas le Patriarcat.

L'épicier était fermé.

Vous restaient trois possibilités : Courir au drugstore le plus proche vous procurer des œufs au prix du caviar. Chauffer une pizza surgelée, plat particulièrement détesté par l'Homme. Ou mendier quelques raviolis à votre chère concierge surnommée dans l'immeuble Mama Raviolis car elle en mijotait de délicieux dont l'odeur donnait faim à tout le quartier.

Vous remontiez avec votre butin en jurant d'acheter dès le lendemain un cadenas pour le réfrigérateur.

Vous ne l'avez jamais fait. Vous n'avez pas le cœur assez dur pour affamer votre enfant. Vous vous êtes bornée à poser en évidence sur les yaourts un papier : « Prière au fantôme boulimique de laisser aux habitants de cet appartement de quoi dîner eux-mêmes. »

Le fantôme ne répondit pas. Il ne devait pas savoir écrire. Mais vos vivres ne disparurent plus qu'à moitié. Moitié de la bouteille de lait, du paquet de beurre, des œufs, des légumes. Bref, un arrangement satisfaisant. A condition de tenir compte en permanence que :

— Le premier geste de l'Homme, rentrant de son bureau, était de se diriger d'un pas majestueux vers la cuisine pour voir si un petit truc quelconque (morceau de fromage, bout de jambon, reste de poulet) ne calmerait pas sa fringale d'avant le dîner.

— Joséphine adorait inviter inopinément toute sa classe à des goûters monstres où les jeunes créatures dévoraient autant qu'une armée de fourmis rouges (plus de beurre, plus de pain, plus de chocolat, plus d'oranges après leur passage).

— La bande des Ombres à Justine avait tendance à hanter votre cuisine la nuit. Pillant le sucre, les biscottes, le café, pendant que vous dormiez.

Un jour, vous avez décidé de camoufler des provisions de survie dans d'énormes boîtes en plastique, elles-mêmes dissimulées dans le placard à linge. Cette méthode vous permit d'avoir les réserves nécessaires pour assurer le petit déjeuner et le dîner de votre famille. Mais ne vous empêcha pas d'être transformée quotidiennement en mule faisant la noria entre l'épicier du coin — dont vous êtes la meilleure amie — et votre appartement. Si vous aviez calculé combien de tonnes de nourriture vous arriviez à transporter par mois, bien des mineurs de fond auraient été surpris.

Mais, si vous n'avez jamais attrapé le fantôme de Fille Aînée au cours de ses raids dans votre cuisine ou dans votre salle de bains, vous le voyiez par contre se matérialiser à côté de la machine à laver.

Votre Justine adorée descendait régulièrement de son perchoir en traînant d'immenses sacs poubelles bourrés dc linge sale. Le sien. Plus celui de ses copines et copains passant par là et dont les parents n'avaient apparemment pas de machine à laver le linge ou en refusaient l'accès à leur progéniture.

Fille Aînée s'installait gaiement dans la cuisine, après un rapide bisou (si vous étiez là par malheur), et vroum-vroum-vroum, voilà la machine à laver qui ronronnait pendant des heures. Fille Aînée surveillait la manœuvre en repassant vaguement le linge de la veille tout en papotant joyeusement avec une ou deux copines qui l'assistaient dans ses tâches ménagères en fumant des cigarettes à la chaîne.

Or, vous détestez — déjà et toujours — l'odeur de la cigarette froide et l'Homme encore plus, étant un fumeur repenti. Mais votre écologiste de choc (quelle honte, la mort d'un arbre !) n'était pas contre la mort des feuilles de l'arbre à Nicot. Et que je te tire sur la clope !

Vous avez tenté farouchement de l'en empêcher. D'abord, sur le mode dramatique :

— Tu sais que le tabac donne le cancer.

— Je m'en fous de crever et de quitter ce monde pourri.

Vous essayiez alors le mode affectif :

— Sois gentille. Arrêtez d'enfumer la cuisine, toi et ta copine.

— Je ne peux quand même pas interdire à ma copine de fumer. Interdit d'interdire.

Vous restait le mode humoristique :

— Cela ne te dérange pas si je ne fume pas, moi ?

Aucun succès. Du reste, vous n'avez jamais rencontré de fumeurs qui ne soient pas indignés à l'idée d'être empêchés de souffler leur nuage nauséabond à la ronde par de grossiers personnages ne partageant pas leur vice.

Vous ne vous doutiez pas à l'époque que vous reprendriez le même combat avec Petite Chérie. L'auriez-vous su que vous auriez peut-être craqué. Et envisagé de vivre en permanence comme les Japonais avec un masque antimicrobes sur le nez. Heureusement, le ciel dote souvent les mères d'une grâce d'état : la ténacité hargneuse.

— Je ne peux pas m'empêcher de fumer, avouait Justine, sinon je me ronge les ongles.

Et, si elle se ronge les ongles, la faute à qui ?

Aux parents !

Tous les psy vous le diront.

Vous n'avez donc qu'à fermer votre bec si votre enfant fume. C.Q.F.D.

A part ces lessives-parties, vous ne voyez guère Fille Aînée.

Sauf le dimanche où elle consent à assister au repas familial, faveur que vous avez arrachée au cri de « Viens-déjeuner-dimanche-cela-fera-plaisir-à-ton-père ! »

Mais, si vous obtenez sa présence physique, votre Justine adorée reste obstinément évasive sur ses activités diverses.

Jusqu'au jour où vous recevez un coup de téléphone du voisin de la maison du Lot chargé de garder un œil sur vos moutons chargés, eux, de tondre le champ derrière votre garage.

Vos moutons ont disparu. Ou plutôt Mademoiselle Justine est venue les chercher dans un camion avec des amis. Des jeunes avec des cheveux longs et des drôles de costumes. Des zhippies. Ils portaient même des sabots. Ce qui fait se tordre de rire votre agriculteur de voisin. Et, en sabots, lonlaine, tout ce joli petit monde a embarqué vos moutons.

A une manif sous la tour Eiffel.

Vous courez à la manif. Naturellement, vous ne retrouvez pas vos moutons dans la foule des moutons car rien ne ressemble plus, pour vous, à une brebis qu'une autre brebis. Mais vous apercevez Fille Aînée au premier rang des manifestants, dans une longue robe indienne, un bandeau autour du front et portant une pancarte : « Nous voulons vivre au pays. » Vous ne voyez pas le rapport avec vos brebis ni avec quel pays, vos enfants possédant du sang de nombreuses provinces françaises.

Vous vous jetez sur Fille Aînée comme une guêpe.

— Pourquoi as-tu pris mes moutons sans m'en parler ?

— Je comptais te le dire après, répond Justine, l'air un peu gêné. Mais arrête de parler de TES moutons. La propriété, c'est le vol, comme dit Bakounine.

— Non, Proudhon !

— Quoi, Proudhon ?

— C'est Proudhon qui a dit cela, pas Bakounine.

Fille Aînée hausse les épaules. Votre maniaquerie historique l'exaspère. Ses copains vous entourent d'un air furieux. Vous comprenez que, dans votre ensemble faux Chanel, vous êtes la représentante infecte de la petite bourgeoisie incapable de prêter ses moutons pour une simple manif.

— Est-ce que tu te rends compte que tu as fait faire à ces pauvres bêtes cinq cents kilomètres en camion ? Elles doivent être mortes de soif, de faim et de fatigue.

— Pas du tout ! crie Justine. Nous avons avec nous des bergers du Larzac qui s'en occupent très bien. Ils sont ravis, tes moutons. Ils font la balade de leur vie. Ils s'ennuient à la maison. Tu n'as jamais pensé à ça ? Les moutons peuvent avoir envie, eux aussi, de s'éclater.

Vous n'entamez pas une discussion pour savoir si les moutons peuvent constituer la prochaine clientèle des agences de voyages : « Nos charters pour les verts pâturages d'Irlande... » « Découvrez les collines aux herbes parfumées de la Grèce antique », etc. Bergère bourgeoise en faux Chanel et escarpins, vous courez derrière votre petit troupeau et le faites redescendre dans le Lot en bon état apparent. Sauf une brebis qui conserva toute sa vie la tête penchée et un air dolent. Elle n'avait pas dû aimer Paris ni les flics qui l'avaient poursuivie à grands coups de pèlerine.

A part les manifs, Justine était supposée suivre des cours à Sciences Po.

Vous constatez cependant que les rideaux de sa chambre restent clos le jour et ouverts la nuit. Vous en déduisez que les études à Sciences Po ont désormais lieu la nuit. Vous êtes un peu étonnée, mais rien ne peut vous surprendre de l'Education nationale et de ses inlassables innovations. Pourtant, un ami de l'Homme (lui-même prof rue Saint-Guillaume) vous jure que les cours se déroulent toujours aux anciennes heures diurnes.

Au moment où vous vous apprêtez à demander, le plus suavement possible, des explications à votre héritière, une voix mâle au téléphone vous prie de l'avertir que Boris l'attend pour le mariage prévu, à la mairie d'Issy-les-Moulineaux, à 17 heures.

Comment ça, le mariage ? Pas celui de Fille Aînée, tout de même ? Encore que vous soyez prête à tout. Ledit Boris a raccroché sans explications.

Pour transmettre une communication à Fille Aînée, privée de téléphone, là-haut, dans son sixième, vous ouvrez la fenêtre de la cuisine et vous beuglez : « JUSTIIIIIINNNNNNE... JUSTIIIINE... » à travers la cour. Jusqu'à ce que les voisins ouvrent leurs fenêtres à leur tour et hurlent en chœur : « JUSTIIIIIINE... Votre maman vous demande. » Fille Aînée finit par entendre l'appel à travers ses rideaux clos et le bruit de ses conversations sur fond de chaîne hi-fi. Et passe la tête à sa lucarne. Vous braillez votre message, au grand intérêt des voisins enchantés de participer à votre vie familiale. Puis tout le monde referme sa fenêtre.

Aujourd'hui, vous décidez de monter à pied les deux étages qui vous séparent du perchoir de Fille Aînée.

Elle est là, lovée sur son lit, avec sa bande de copains. Dont l'un avec sabots (vous aimeriez bien le voir galoper derrière un autobus, celui-là). Tout ce petit monde jacasse dans une fumée qui ferait décamper un blaireau.

Vous attaquez sec : de quel mariage s'agit-il ? Qui est ce Boris ? Justine se tord de rire. Mais non, ma pauvre maman, je ne me marie pas. Tu sais bien que je vomis ce rituel bourgeois qui..., que...

En revanche, vous apprenez en vrac que Fille Aînée a abandonné ses cours à Sciences Po qui ne-mènent-à-rien-sinon-perpétuer-une-société-exploiteuse-du-prolétariat. Qu'elle sert désormais d'assistante au copain Boris, photographe. Que son travail — passionnant — consiste à porter ses appareils et à l'aider dans son activité principale : photos de mariage de banlieue. Boris se révélera également photographe ambulant. Ce dernier métier étant pratiqué sans autorisation par les deux associés, vous serez amenée à plusieurs reprises, dans les mois suivants, à aller rechercher votre Justine dans divers commissariats pour exercice illégal d'un travail sur la voie publique, manque de papiers d'identité et injures à agents. A ces occasions, vous vous habillez tout en noir pour impressionner la police et il vous est arrivé d'entendre un flic dire à l'autre : « Je t'avais bien dit que c'était pas une gitane ! » — « Comment que je pouvais deviner, habillée comme elle était et refusant de causer français ? » Vous avez même dû faire appel à un ami, à la préfecture de police, pour éviter la prison à l'orgueil-de-vos-vieux-jours qui avait tenté d'attaquer sauvagement un représentant de l'ordre dans les parties les plus intimes de son individu. Elle vous l'a reproché avec virulence. Une expérience des prisons capitalistes et une bonne révolte au Q.H.S., menée par elle, manquent — par votre faute — à son expérience politique.

Mais des amours de Justine vous ignorez tout. Absolument tout. Mama Raviolis vous signale bien des allées et venues incessantes de filles en robe indienne et de garçons (elle appuie sur garçons) dont le bruit des sabots dans l'escalier de service montant au sixième met en fureur les ménagères espagnoles. Vous vivez dans la crainte de voir Fille Aînée disparaître dans une communauté hippie en Ardèche avec vos moutons et un inconnu à cheveux longs et bandeau indien.

Jusqu'au jour où la concierge vous révèle qu'elle a de ses yeux vu, à l'aube, Justine jeter dans la poubelle de l'immeuble un tas de vêtements masculins comprenant de longs pantalons à revers brodés de fleurs, des chemises tunisiennes, un poncho péruvien, un kilo de bandeaux en perles, une besace grecque et même une paire de sabots rouges. De l'avis de Mama Raviolis, il y avait eu un drame d'amour sous les toits.

Fille Aînée apparaît au déjeuner du dimanche suivant, blanche, crispée et muette.

— Tout va bien ? demandez-vous de votre voix fondante appelant, à votre avis, les confidences. (Mais éternellement sans succès.)

— Tout va bien, répond Fille Aînée d'une voix lointaine.

— Aucun problème ? hasardez-vous sur la pointe de vos pieds maternels.

— Non ! Pourquoi ? demande agressivement votre Justine adorée, comme si vous veniez de l'accuser de vol à l'arraché.

Vous battez en retraite.

— Pour rien ! Pour rien ! Tu n'as pas très bonne mine. Je m'inquiétais.

Vous ne saurez que beaucoup plus tard qui était l'amoureux de Justine qui s'est enfui à l'aube à moitié nu et sans sabots dans la grande ville. Vous ne ferez qu'entrevoir son successeur, trotskiste de choc et grand auteur de tracts virulents tapés sur votre pauvre vieille machine à écrire bourgeoise, pendant vos absences.

Un dimanche, tandis que vous méditez sur l'incommunicabilité des générations tout en rangeant la vaisselle dans la machine, vous entendez Fille Aînée glapir :

— Ma chambre ! On a piqué MA chambre !

Aïe !

Vous avez en effet décidé, cette même semaine, de transformer l'ex-repaire de Justine en bureau. Pour vous. Voilà des années que vous rêvez d'une pièce où travailler tranquillement. Et non plus d'un coin de table que vous devez débarrasser précipitamment le soir, avant le retour de votre petite famille.

Vous avez donc rangé dans l'armoire les nounours en peluche de Fille Aînée, sa raquette de tennis, ses photos de classe en groupe. Descendu à la cave son lit en rotin laqué blanc. Et posé votre chère vieille Olivetti portative sur son bureau d'écolière, avec vos dossiers et vos papiers.

Le rêve de votre vie enfin réalisé.

Mais Fille Aînée ne l'entend pas de cette oreille.

— Ma chambre ! Tu m'as pris ma chambre ! continue-t-elle à psalmodier avec désespoir.

— Comme tu es maintenant installée au sixième depuis plus d'un an et que je ne sais jamais où écrire, je l'ai un petit peu transformée en bureau, vous défendez-vous, avec ce qui vous paraît une saine logique.

A votre stupéfaction, votre trotskiste reste inconsolable.

— Tu me chasses de la maison, ulule-t-elle.

Vous la rassurez avec ardeur. Le ciel vous est témoin que vous n'avez jamais envisagé de jeter votre Fille Aînée adorée hors du nid. Simplement, puisqu'elle vit heureuse — apparemment — dans une pièce bien à elle deux étages plus haut, vous aviez pensé pouvoir récupérer sa chambre d'enfant.

Vous avez mal pensé. Les lamentations de Fille Aînée redoublent. Vous croyez comprendre de son discours incohérent qu'elle est partie tout en ne partant pas. Comme au Châtelet. Que sa vraie chambre est toujours là. Au cœur du foyer familial. Symbole de son enfance et de ses racines. Nul n'a le droit de bafouer le sanctuaire béni de sa jeunesse. Mais quelqu'un la comprendra-t-elle jamais sur cette terre ?

Mais si, mais si, ma chérie, ta mère te comprend.

Quand les gémissements de Fille Aînée s'apaisent, vous ne pouvez vous empêcher de faire remarquer à votre gauchiste de choc qu'elle occupe deux pièces à elle seule alors que la travailleuse que vous êtes manque terriblement d'un lieu où exercer sa petite industrie.

Un compromis est trouvé. Vous pouvez installer votre machine à écrire, vos dossiers et vos papiers sur la table dans la chambre de Justine, à condition que reviennent peluches, raquette de tennis, lit en rotin laqué blanc et photos de classe en groupe.

Vous n'auriez jamais soupçonné que dans la poitrine de votre *Pasionaria* battait un petit cœur de *Mimi Pinson*. Vous aviez tort.

Quelques mois plus tard, ça vous dégringole sur la tête sans que vous ayez eu le moindre pressentiment. Mais on sait que vous avez toujours eu l'intuition d'une mésange.

Fille Aînée surgit dans votre bureau, pardon, sa chambre, au cri redouté de : « J'ai-à-te-parler-d'urgence. »

La première catastrophe à laquelle vous songez — toujours et encore —, c'est que Fille Aînée est enceinte. Non. Pas cette fois-ci, merci, petit Jésus. Il y a des jours, oui, il y a des jours où vous regrettez de ne pas être une mère de garçons. Pardon, les petites chéries !

— Je peux amener Louis à déjeuner, dimanche ?

— Bien sûr, mon amour. Qui est Louis ?

— Le type avec qui... (Justine prend brusquement un air adorable de petite fille inquiète contrastant avec sa vigoureuse assurance habituelle), enfin le mec avec qui je vis...

— Ah bon ! Et vous vivez où ?

— Ben, en partie au sixième et en partie dans son sixième à lui.

En un éclair, vous pensez avec ravissement à la tête de Mama Raviolis quand elle apprendra que cette situation a échappé à son œil aigu.

— Et tu comptes l'épouser ?

— Tu es décidément folle ! s'exclame Fille Aînée. Tu sais bien que je suis contre le mariage. Et Louis aussi, du reste.

Le dimanche suivant, vous prévenez tout votre petit monde. Justine va amener un ami à déjeuner. Personne ne doit le fixer furieusement (ça, c'est pour l'Homme). Ni glousser en le regardant par en dessous (tu entends, Joséphine). Louis n'est qu'un *copain*. Enfin, un peu plus. Mais il n'est pas question de mariage. Que chacun reste naturel.

A 12 h 55, la famille est sur le pont. Attendant fébrilement le *copain* de Fille Aînée. Un copain spécial quand même, pour qu'elle l'amène à déjeuner le dimanche à la maison, remarque judicieusement Petite Chérie du haut de ses dix ans. Tu crois que je dois mettre une cravate ? demande l'Homme, très agité. Non. Surtout pas. Ne t'imagine pas un seul instant que ce jeune homme va te demander la main de ta fille avec des gants beurre-frais. Qu'il essaie seulement, gronde le Père.

La porte d'entrée s'ouvre. Fille Aînée a gardé farouchement la clef de l'appartement familial alors que, malgré vos réclamations, vous n'avez jamais obtenu le double de celle de sa chambre à elle. Même en plaidant le cas d'inondation ou d'incendie.

Justine entre. Aussi nerveuse que vous tous.

— Je vous présente Louis, annonce-t-elle d'une voix faussement enjouée au bloc familial.

Qui tombe à la renverse.

Louis porte un costume bleu marine et une cravate.

Finit Sciences Po.

Compte préparer l'E.N.A.

Souhaite devenir préfet.

Semble doué d'un caractère poli, aimable et flegmatique.

Vous n'en croyez ni vos yeux ni vos oreilles.

Petite Chérie non plus. Où l'a-t-elle déniché ? Dans une boîte de chez Hermès ? vous chuchote-t-elle au passage dans un couloir.

L'Homme le déteste immédiatement. Mais il ne pouvait que détester tout garçon visiblement amoureux de sa merveilleuse Fille Aînée.

— Non seulement ce merdeux couche probablement avec MA fille, mais c'est un futur fonctionnaire, déclare-t-il, furieux, après le départ du jeune couple. J'aurais encore préféré le photographe ambulant. Ou le trotskiste boutonneux.

L'Homme hait les fonctionnaires qui, prétend-il, sont les doryphores des petites entreprises françaises.

— Je le trouve très gentil, même trop gentil, remarquez-vous sincèrement. Et beau gosse ! Et bien élevé ! Jamais je n'aurais cru que Justine nous ramènerait ce genre de garçon.

— Un vrai petit bourgeois ! fulmine l'Homme.

— Eh bien, et toi ?

— ... suis un self-made-man..., n'ai jamais préparé l'E.N.A...

— Je suppose qu'on s'en remet.

— Hum ! bougonne l'Homme, pas convaincu. Et qu'est-ce qu'elle compte en faire de son fonctionnaire ? L'épouser ? Ma fille, sous-préfète !...

Ses yeux s'exorbitent.

Vous tentez d'expliquer à l'Homme que le mariage est devenu une institution extrêmement démodée à laquelle sa Justine bien-aimée refuse de se soumettre. Vous vous abstenez naturellement de lui préciser que ladite Fille Aînée vit en concubinage officiel avec la graine de sous-préfet en question. Vous avez remarqué que, dans certains cas, la sensibilité paternelle est plus à vif que celle des mères.

— En tout cas, il l'adore ! concluez-vous.

L'Homme grogne comme un ours attaqué dans sa tanière.

Votre cœur à vous a fondu comme beurre au soleil en voyant le beau soupirant s'enfermer dans votre bureau, pardon, la chambre de jeune fille de Justine, et y passer l'après-midi à admirer ses nounours en peluche, sa raquette de tennis et les photos de ses copines de classe. Vous aviez sous-estimé les ravages de l'amour chez les futurs sous-préfets et les militantes trotskistes.

Le jeune couple prend l'habitude de participer un dimanche sur deux au déjeuner familial. Vous supposez que l'autre dimanche est consacré à la famille de Louis. Encore qu'à vos tentatives de questions Fille Aînée oppose un mutisme farouche. Vous en déduisez que Louis est né isolé dans un potager inconnu. Vous continuez à le trouver charmant malgré un tic agaçant qui consiste, pendant les repas, à se coller des boulettes de pain sur le nez en forme de corne de rhinocéros. Personne n'est parfait.

A part le dimanche, vous ne le rencontrez jamais, ni sous la voûte de l'immeuble ni ailleurs. Mama Raviolis a beau guetter derrière la vitre de sa loge, elle n'aperçoit même pas passer son ombre.

Vous êtes en train de vous maquiller dans votre salle de bains. Vos grimaces effraieraient une guenon. Vous n'avez jamais été adroite de vos mains. Mais, depuis que vous devez porter des lunettes, la situation a empiré. Pour vous maquiller les yeux, vous devez les enlever. (Les lunettes, pas les yeux, encore qu'il y ait là, peut-être, une solution.) Et, sans lunettes, vous ne voyez rien à ce que vous faites. Votre fard déborde. Votre mascara coule. Votre eye-liner ondule le long de vos paupières. Quand vous remettez vos verres, c'est pour constater le désastre. Vous n'arrivez pas à comprendre comment se débrouillent les autres femmes à lunettes.

Vous êtes là, plongée dans vos réflexions, le museau tendu vers la glace, la bouche ouverte comme une carpe anxieuse, quand... un toussotement vous fait sursauter. Votre crayon noir vous échappe et zèbre votre tempe droite.

Quelqu'un.

Non. Impossible. Vous êtes seule dans l'appartement. L'Homme est à son usine. Joséphine à l'école, du moins vous l'espérez. La femme de ménage ne vient que demain. Justine ? Vous l'appelez à voix basse étranglée. Justine ? Aucune réponse. Pourtant...

... pas de doute, quelqu'un respire dans votre salle de bains.

... derrière le rideau de douche.

... un cambrioleur vous guette, camouflé derrière le plastique à petits cœurs roses.

... appeler police-secours ! Vite !

... pas le temps ! Il va surgir ! Vous étrangler.

... c'est vous qui devez attaquer la première. Surprendre l'adversaire tels Napoléon et Clausewitz. Vous attrapez vos ciseaux à ongles. Vous écartez brutalement le rideau de la douche...

Barbotant tranquillement dans la baignoire : Louis.

Vous poussez un hurlement.

— Je vous demande pardon, fait Louis, souriant aimablement, pas du tout gêné par sa nudité ni par les ciseaux à ongles que vous brandissez au-dessus de sa tête, mais je n'avais pas le temps d'aller chez ma mère prendre un bain. Et Justine m'avait juré que je pouvais venir chez vous.

— Justine a bien fait, dites-vous précipitamment, mais pour l'amour du ciel, à l'avenir, avertissez-moi. J'ai failli vous transpercer le cœur à travers le rideau de douche avec mes ciseaux à ongles.

— Vraiment navré ! assure le soupirant de Fille Aînée, pas ému pour un sou alors qu'il venait d'échapper à une scène de cauchemar digne de *Psychose*. Dites-moi à quelle heure je vous effraierai le moins.

Fille Aînée fut indignée de votre attitude.

— Il paraît que tu empêches Louis de se laver ?

— Je n'empêcherai jamais un être humain de se laver, vous défendez-vous. J'ai eu assez de mal à vous accoutumer, toi et ta sœur, à l'usage du savon. Simplement, je lui ai demandé de choisir une heure régulière.

Cela ne désarme pas Fille Aînée.

— Avec tous ses cours, ce n'est pas commode pour lui. Puisque tu fais tellement d'histoires pour un malheureux bain, il ira aux douches municipales.

Malgré cette menace, de temps en temps dans l'après-midi, vous trouvez Louis en train de siffloter dans votre baignoire ou vous le croisez tout nu dans le couloir. Vous n'osez avouer à personne que cette intimité inattendue avec un homme qui n'est ni votre mari, ni votre amant, ni votre fils vous perturbe. Encore une séquelle désastreuse de votre éducation fâcheusement pudique.

Fille Aînée vous annonce qu'elle quitte votre sixième pour s'installer officiellement avec Louis. Ce dernier a décidé d'abandonner l'administration pour laquelle il a découvert qu'il n'était pas fait. Il désire devenir écrivain. En attendant, pour vivre, il se contentera de petits boulots. Vous croyez deviner, dans ce changement de cap, l'influence de Justine. Vos soupçons se trouvent confirmés par la révélation que la mère de Louis (puisqu'il en avait bien une), furieuse de voir son fils renoncer à être sous-préfet, lui coupait les vivres.

— Tu ne crois pas que nous devrions les aider un peu au point de vue financier ? demandez-vous, le soir, à l'Homme.

— Sûrement pas, dit l'Homme avec emportement. Moi, personne ne m'a aidé. Toi non plus.

— Oui, mais il n'y avait pas de chômage à l'époque.

— On ne peut pas avoir le beurre et l'argent du beurre, la liberté et les sous des parents, grommelle le

Père qui ne se remet pas de l'enlèvement de sa Fille Aînée adorée par un jeune mâle en costume bleu marine.

Vous assurez à l'Homme qu'il a raison. Et vous augmentez en douce la petite pension de Justine dont les activités d'assistante photographe des mariages de banlieue ne semblent pas très rentables. Il n'y a pas qu'elle, apparemment, pour refuser les cérémonies bourgeoises.

Le départ de Fille Aînée de son perchoir au-dessus de votre tête fut un dur moment. Vous avez regretté secrètement les razzias dans le frigo, les occupations de baignoire, les énormes lessives où les chemises de Louis se mêlaient aux petites culottes de Justine. Elle avait emporté ses nounours en peluche, les photos de ses copines, sa raquette de tennis alors qu'elle n'y jouait plus et sa guitare dont elle n'avait jamais joué, elle non plus, comme l'on sait.

Vous avez maintenant un vrai bureau pour vous toute seule.

Et une chappe de tristesse sur les épaules.

Fille Aînée se dilue dans le XIIIe arrondissement.

Puis vous invite à venir la voir.

A une fausse adresse.

Au numéro indiqué, vous ne trouvez en effet qu'une vieille teinturerie fermée. Vous tournoyez un bon moment dans les immeubles alentour. Personne ne semble connaître Justine et Louis. Seul le boulanger a une lueur. S'agirait-il de la bande de jeunes qui viennent d'emménager à côté ?

Et vous découvrez Fille Aînée installée dans la teinturerie reconvertie en studio.

— Formidable, non ? vous dit-elle fièrement. Tu ne trouves pas que ça a une gueule folle ? Surtout quand il y aura des rideaux devant la vitrine pour masquer la rue.

Vous approuvez chaleureusement. Mais la décoration vous laisse perplexe. D'innombrables matelas recouverts d'étoffes indiennes et des coussins jonchent le sol.

— Pourquoi tellement de matelas ? ne pouvez-vous vous empêcher de demander, en les enjambant tant bien que mal.

— Pour servir de divans, répond l'orgueil-de-vos-vieux-jours s'adressant à sa mère idiote. Et de lits. Pour les copains quand ils veulent rester dormir la nuit.

Vous n'avez jamais envisagé — sauf en cas de guerre ou pendant vos années de scoutisme — de sommeiller par terre, le nez dans la poussière, au milieu d'une tribu de copains. Pour vous, un lit est une île à cinquante centimètres au-dessus du niveau des insectes, où se réfugier seule ou avec l'Homme de sa vie. Quant aux divans classiques, vous les regretterez vivement quand il vous faudra vous relever du matelas sur lequel vous vous êtes étalée. Vous devrez vous mettre peu gracieusement à quatre pattes, vous agripper aux tréteaux d'une table qui basculera avec des centaines d'objets, dont la collection de boîtes de fromage vides de Louis. La prochaine fois, vous viendrez avec votre propre chaise.

A la demande pressante de Justine, vous admirez les murs peints de couleurs différentes et fluorescentes. Chouette, non ? Ça *clashe*, hein ? Oui, ma chérie, pour *clasher*, ça *clashe* ! Le reste du décor vous surprend également. Des posters hyperréalistes d'accidents de voiture. Un tube de dentifrice géant qui pend du plafond et dans lequel vous vous heurtez le front à plusieurs reprises. Des plantes vertes partout. Vous n'aviez jamais soupçonné que Justine aimait à ce point les plantes vertes. Vous lui proposez des boutures de vos géraniums de la maison du Lot. Pouah, pas de géraniums ! s'écrie-t-elle avec dégoût. C'est une plante typiquement petite-bourgeoise. Ah bon ! Vous ignoriez que la lutte des classes s'étendait aux fleurs.

Mais ce qui vous frappe le plus, c'est l'ingénieux système de rangement adopté par votre fille. Pas de placards mais des cageots à fruits et légumes repeints de toutes les couleurs où sont pliés les pulls-tee-shirts-chemises, etc. du jeune couple. Pantalons et robes sont, eux, suspendus à une longue ficelle traversant le magasin, enfin, le studio. Une douche et une kitchenette installées dans l'arrière-boutique complètent l'ensemble.

— La nuit, on entend le boulanger faire son pain en écoutant la radio, s'extasie Justine, et, le matin, on a des croissants tout chauds. Le pied, non ?

Le pied.

L'ensemble est d'une propreté inouïe. Pas un grain de poussière. Vous félicitez Fille Aînée de ses talents de ménagère. Vous lui demandez pardon d'avoir douté d'elle à ce sujet pendant vos années de vie commune.

— C'est Louis qui adore balayer et nous avons chacun notre tour de cuisine, de vaisselle, de marché, etc.

Vous complimentez de plus belle Justine d'avoir mis la main sur un individu du sexe mâle d'accord pour partager les corvées quotidiennes. Vous l'enviez même. Vous n'avez jamais obtenu de l'Homme qu'il entre dans un supermarché.

— Mais toi, tu es une esclave à l'ancienne mode, vous jette sobrement Fille Aînée. Heureusement les féministes sont en train de remettre les pendules à l'heure.

Elle, Justine, a un autre problème. Elle a découvert l'horreur des factures. Et l'existence de monstres nommés E.D.F., P.T.T., Propriétaire d'immeubles. A qui il faut donner de l'argent à des jours rituels fixes. Sinon, ces Molochs vous coupent le gaz, l'électricité, le téléphone, sans aucune émotion. Et l'Ogre Propriétaire vous poursuit de lettres recommandées. Bref, Justine flippe.

Vous, vous flippez aussi. Mais pour une raison différente.

Comment présenter Louis ?

Qui semble vous avoir définitivement adoptés, l'Homme et vous, comme parents. Et assiste désormais

134

non seulement aux déjeuners du dimanche mais aux réunions de famille, aux dîners avec vos amis, etc. (Sans pour autant renoncer à sa petite manie de se coller des boulettes de mie de pain sur le nez.)

— Voilà Louis, dit Fille Aînée, en le désignant d'un radieux sourire.

Et les questions de pleuvoir sur vous, dès le lendemain, comme une nuée de grêlons.

Qui est Louis ? Quelle est sa place sur l'échiquier familial ?

Eh bien, comment dire, Louis est... heu... non, pas un copain... Alors, un ami ? Plus qu'un ami... Mais encore ?

Dire le mec de Justine, son bonhomme, son type vous semble argotique. Surtout pour tante Madeline.

Son amant ? Trop boulevard.

Jules ? Démodé.

Concubin ne passe pas vos lèvres. Vous donne l'impression de prononcer un gros mot ou de remplir un dossier à la Sécurité sociale.

Vous envisagez un instant : « Mon espèce de gendre... mon presque gendre... mon drôle de gendre... » Mais vous sentez que, si Justine l'apprenait, elle ne le supporterait pas.

Encore moins « fiancé ». Terme évocateur de bague, de goûter de famille et de chastes baisers. L'horreur bourgeoise.

Oui, avouez-vous à vos copines alors que le déjeuner se termine et qu'elles ont écouté avec intérêt le récit du départ et des amours de Fille Aînée, ce n'était pas l'existence de Louis qui vous avait donné des soucis mais le nom sous lequel le désigner.

Vos amies poussent des oui ! oui ! vigoureux. Là est le problème. Comment appeler le type qui vit avec nos filles ? Catherine a choisi le mot « compagnon » : « Je vous présente Jean-Charles, le compagnon de Virginie. » Bettina fait remarquer l'ambiguïté de la situation du compagnon. Est-il destiné à le rester longtemps ? A faire des enfants à nos chéries? S'il change trop souvent, ne mérite-t-il pas l'appellation non contrôlée de « mec-du-jour »?

Sophie a opté, elle, pour la solution subtile du *et*. Voici ma fille Anémone *et* Michel. Tout est dans le *et*. Si la personne, distraite, ne l'entend pas ou si Michel se trouve à l'autre bout de la pièce, le lien entre Anémone *et* Michel reste inaperçu et les pires gaffes peuvent se produire. Tant pis. Le concubinage a, lui aussi, ses inconvénients.

— Moi, j'en reviens à ce que je vous disais au début du déjeuner, coupe Catherine. Au contraire de leurs aînées, nos filles cadettes ne veulent plus grimper vivre sous les toits ou filer à l'autre bout de Paris dans un loft impossible à chauffer.

Aussi stupéfiant que cela paraisse, les petites dernières préfèrent rester dans leur chambre de jeune fille. Et glisser leurs papattes, le soir, sous la table de la salle à manger, devant le repas préparé par maman et la télé familiale.

— Et, quand elles découchent, elles préviennent poliment, assure Sophie.

— Mais il y a plus fort, déclare Bettina, elles ne nous reprochent plus de ne nous occuper d'elles que pour les engueuler. Et de ne pas supporter l'idée qu'elles puissent être libres et heureuses loin de nous.

La nouvelle vous sidère.

— Tu veux dire qu'on n'est plus des bourgeoises réacs, des mères castratrices (dire dix fois de suite très vite et étrangler Françoise Dolto), des impérialistes, des monstresses, quoi!

— Tu n'es plus branchée! Il paraît qu'on est devenues épatantes, sympas, marrantes et même — c'est fou! — intéressantes. Vous ne le croirez peut-être pas, crie Bettina, mais ma Sabrina écoute mon point de vue sur tout, y compris la politique. Et, si elle n'est pas d'accord, elle ne claque pas la porte en m'injuriant comme le faisait Pauline.

Les mères présentes se regardent en hochant la tête.

— Peut-être qu'on est devenues moins embêtantes, avoue Sophie. Les aînées, qui ont essuyé les plâtres, nous ont dressées. En fin de compte, on laisse faire aux cadettes ce qu'elles veulent. Elles ont le vivre, le couvert et leur cher petit lit à la maison. Elles font l'amour quand elles en ont envie. On ne leur demande plus ni avec qui ni où. Elles ont leur pilule et leur gynéco. Moi, j'aurais eu ça chez mes parents, je n'aurais jamais épousé mon premier mari en catastrophe, pour me sauver.

On se tourne vers Victoire, la mère-aux-quatre-garçons. Les fils partaient-ils, eux ?

— Absolument pas, dit Victoire sombrement. J'ai dû louer moi-même un studio pour les deux de vingt-trois et vingt-deux ans, faire le déménagement et les pousser dehors. Ce qui ne les empêche pas d'être là trois fois par semaine avec leurs sacs à dos remplis de linge sale.

Vous convenez toutes que le problème du linge sale constitue un formidable cordon ombilical.

— En fait, soupire Bettina, ils ne veulent plus s'en aller parce qu'ils paniquent devant le chômage.

— Qui ne panique pas ?

Cependant, les copines tombent d'accord que la peur du chômage ne constitue pas la motivation première des enfants qui refusent de s'envoler hors du nid familial. Non. Ils semblent être devenus contents de vivre avec leurs parents. Une véritable révolution culturelle.

Vous êtes enchantée de cette information. Vous pensez souvent avec effroi au moment terrible où Petite Chérie s'en ira, laissant le frigo plein mais la maison vide de vêtements épars, de chaussures abandonnées dans les coins les plus étranges, de produits de beauté encombrant votre salle de bains jusqu'au plafond. Vous redoutez l'instant où le silence tombera sur votre appartement, vous faisant regretter les concerts assourdissants de rock, la sonnerie incessante du téléphone, les cris et les rires d'adolescents inconnus. Oui, ce jour-là, vous vous sentirez très désemparée avec l'Homme.

Bettina vous approuve. C'est exquis de les garder, nos filles, surtout depuis qu'elles sont devenues affectueuses et câlines.

— Eh bien, moi, je commence à en avoir un peu marre des enfants qui ne me lâchent pas les baskets ! crie Catherine. Je voudrais ne plus me préoccuper autant de leurs problèmes, de leur nourriture, de leurs amours, de leurs boulots. J'aimerais avoir enfin le temps de penser plus à moi, à ma carrière, à mon propre bonhomme.

— Tu as raison, lâche Sophie. Vous savez que je suis divorcée et que j'ai Paul dans ma vie. Eh bien, Julie fait la gueule à l'idée qu'il puisse s'installer à la maison. Mais son petit copain à elle, il vient quand il veut !

Les copines se divisent en deux clans : les mères ravies de garder leurs angelots poussés en graine, les autres aspirant à un peu plus de vivre-pour-soi maternel.

— Si on arrêtait de parler de nos enfants comme d'habitude ! s'exclame Bettina. Vous connaissez la dernière mode en Amérique ? La chasteté. Abstinence totale avec les hommes, même si l'on est marié.

Ce fut un beau tollé.

Maintenant que les rapports avec les filles semblaient s'être améliorés, voilà que les relations avec les Hommes étaient menacées.

Vous constituez immédiatement avec vos copines un comité de surveillance qui jure de s'opposer par tous les moyens à ce que ce nouveau virus U.S. contamine jamais la France.

Elles sont folles, ces Américaines.

8

Un matin, à l'heure des croissants chauds, Fille Aînée vous appelle de chez le boulanger. Elle n'a pas payé son téléphone qui est suspendu. Elle est très agitée. Elle veut vous parler im-mé-dia-te-ment.

Est-ce que la mauvaise nouvelle (les bonnes, on oublie de vous en prévenir) ne peut pas attendre deux jours ? Vous prenez le Capitole dans une heure et demie pour un saut dans le Lot où la pluie tombe sur votre lit grâce à une tuile qui s'est vicieusement déplacée. Non-cela-ne-peut-attendre-deux-jours, répond Fille Aînée d'une voix déterminée.

En maudissant le pépin qui, comme d'habitude, vous tombe dessus juste avant un départ, vous donnez rendez-vous à Justine au buffet de la gare d'Austerlitz pour quelques minutes de tête-à-tête avant l'heure du train.

Quand vous y arrivez, hors d'haleine, n'ayant pris le temps ni de vous coiffer ni de zipper votre blouson de voyage, Fille Aînée est déjà là, devant un cendrier débordant de mégots.

— Alors, ma chérie ?

Justine vous guette comme le chat la souris.

— Louis et moi, on va se marier.

Vous êtes abasourdie. Voilà des années que Fille Aînée vous rabâche que le mariage est une institution détestable et démodée. « Avec qui je fais l'amour ne regarde que moi, pas des fonctionnaires-flics... »

« Pourquoi donner à l'Etat-bourgeois l'occasion de paperasser ? » « Etre ensemble, c'est bien. Mais pas question d'en prendre pour vingt ans... » Etc.

L'annonce brutale du mariage de Fille Aînée vous laisse donc sans voix. D'autant plus que le buffet de la gare d'Austerlitz n'est pas l'endroit intime idéal pour attendrissement maternel, cris d'enthousiasme et phrases chuchotées telles que « ma chérie, j'espère-que-tu-vas-être-très-heureuse ».

Justine semble enchantée de votre trouble. Seuls les imbéciles ne changent pas d'avis, remarque-t-elle agressivement, avant que vous ayez pu émettre le moindre commentaire.

— Tu es enceinte ? finissez-vous par demander.

C'est la seule explication qui vous vient — comme toujours — à l'esprit.

Justine le prend de haut.

— C'est inouï cette obsession que tu as de me voir enceinte. Le problème n'est pas là. Maintenant tout le monde a des enfants sans être marié.

Vrai.

Alors, pourquoi cet incroyable revirement ?

— Louis y tient !

— Ah bon ! Mais toi ?

— Moi, je tiens à Louis. Et Louis pense que c'est une preuve d'amour. Et... heu... c'est vrai, non, dans un sens ?

Vous regardez avec stupéfaction votre forte tête, votre rebelle de choc, dont le premier mot n'a pas été « pa-pa » ou « ma-man » mais « non », votre hippie, votre écolo, votre baba-cool, votre anarchiste, votre féministe enragée, votre canard trotskiste. En train de tenir des propos de roman-photos de série rose.

En fin de compte, les modes passent, les mœurs changent, mais l'Amour reste l'Amour, le miel de la tendresse humaine. Et la base du mariage bourgeois.

Une idée vous tracasse néanmoins :

— Es-tu sûre de pouvoir vivre avec Louis pendant peut-être cinquante ans ?

— Probablement pas, répond Fille Aînée gaiement. Mais sait-on jamais dans ce monde de dingues ? On verra bien ! En attendant, arrête ton numéro de mère inquiète pour son poussin.

D'accord.

Et au milieu des voyageurs pressés et indifférents, des garçons de café qui vous bousculent en hurlant « deux bières, deux », des appels des haut-parleurs de la gare, vous embrassez votre petite fille adorée. J'espère-que-tu-seras-très-heureuse-ma-chérie !

Mais Justine prend l'air gêné. Ah ! Ah ! il y a un problème plus grave dans l'air. Quoi ?

— Eh bien... (Elle n'arrive pas à le dire.) Tu ne vas pas te moquer ?

— Mais non, voyons !

Dieu du ciel, qu'est-ce qui va encore vous tomber dessus ? Votre imagination galope. Louis a déjà trois enfants cachés. Ou un casier judiciaire long comme le bras, malgré son air BCBG. C'est cela ! Il fait partie de la Mafia et...

— On voudrait un grand mariage !

— Un QUOI ?

— Un grand mariage avec moi en robe blanche, Louis en gris, un cortège de petites demoiselles d'honneur, une ravissante église de campagne, une vieille maison avec un grand jardin. Et tous nos amis !

Là, pour le coup, vous êtes effarée.

Vous auriez cru que Fille Aînée aurait adoré se marier en jean rapiécé, avec deux clochards comme témoins. Ou en costume de plongeur sous-marin. Ou en tenue de guérillero avec mouchoir noir sur la figure. Ou en robe hippie trouée, tenant des fleurs des champs à la main. Ou en costume de cuir avec casque intégral, suivie d'une horde de motards. Ou en salopette d'ouvrière d'usine. Vous vous étiez même imaginée en robe longue et capeline au vent sur un tandem conduit par l'Homme rajeuni de vingt ans, arrivant à la maison du peuple au milieu des poings levés. Voilà qui aurait eu du chic.

Mais votre gauchiste en longue robe blanche avec couronne de fleurs d'oranger, petites demoiselles d'honneur, vieille église de campagne, maison ancienne si possible de famille, buffet champêtre, amis, familles et parents, *ça,* vous ne l'auriez jamais imaginé. Jamais.

Cette nouvelle est tellement sidérante que vous ratez votre train. Tant pis. Vous prendrez celui du lendemain. Et faites prévenir l'Homme par sa secrétaire que vous venez déjeuner avec lui à la cantine de son usine. Vous avez quelque chose d'incroyable à lui apprendre.

— Dépêche-toi avec ta mystérieuse histoire, dit l'Homme, un peu hargneux, tandis que vous vous asseyez l'un en face de l'autre avec vos plateaux de self-service, sous les yeux intéressés des employés. J'ai des clients japonais à 14 heures.

— Justine veut se marier avec Louis.

— Qui est Louis ? demande l'Homme avec la plus totale mauvaise foi.

Il est visiblement furieux. Que sa Fille Aînée adorée cohabite avec un Louis, c'est l'époque qui veut ça, il faut vivre avec son temps, etc.

Mais que ce jeune crétin — indigne de sa Justine — devienne son gendre officiel, donne son nom au lieu du sien à son héritière, lui fasse des enfants, c'est plus que l'Homme ne peut en supporter sans précautions. Au fond, le concubinage l'arrangeait bien. Rien de solennel ni de définitif. Un petit brouillard dissimulait ce que l'Homme n'admet pas au fond de son cœur : sa fille chérie aime un autre homme.

— On ne sait rien de ce Louis ni de sa famille, tonne-t-il.

Tous les employés vous regardent du coin de l'œil, pressentant avec ravissement un drame dans la famille du patron.

— Tu le connais depuis deux ans, protestez-vous. C'est déjà une chance inouïe. J'ai une amie dont la fille a épousé à Las Vegas un garçon qu'elle n'a jamais vu. Ce qui compte, c'est que Louis soit un type bien et que Justine et lui s'aiment. Ce qui m'a toujours paru curieux parce qu'il est vraiment BCBG, et justement, à ce propos...

L'Homme vous coupe la parole. Pour se lancer dans un monologue dont il ressort que, pour marier son chien Roquefort à n'importe quelle petite chienne, il doit montrer son pedigree, justifier de sa santé, étaler son caractère. Alors que les alliances des enfants de bourgeois se font au hasard de Katmandou. Vous vous récriez que Louis n'est pas un drogué — ce qui est déjà épatant — et que... Mais l'Homme n'écoute rien. Puisque désormais les filles convolent en justes noces sans prendre l'avis de leur Père, sans intervention des familles, sans curé à qui demander des renseignements sur la santé des parents au troisième degré, sans gendarme pour enquête de moralité sur le fiancé..., eh bien, que Justine se marie. Lui, l'Homme, s'en fout. Il n'ira même pas à la cérémonie.

C'est alors que vous lui assenez le coup bas.

Le Grand Mariage.

Le QUOI ?

Le Grand Mariage avec Fille Aînée en robe blanche, voile et couronne d'oranger, six demoiselles d'honneur en liberty à fleurs, une petite église romane, une adorable maison de campagne, un vieux curé souriant, vous en robe longue... et l'Homme en jaquette.

L'Homme manque s'étouffer avec un bataillon de frites qui se coincent dans sa gorge.

En jaquette ?

— Enfin, quelque chose d'un peu habillé, dites-vous précipitamment. (En fait, vous ne savez pas très bien comment se présente une jaquette.) Parce que Fille Aînée veut un Grand Mariage Bourgeois avec etc.

— Elle est folle ! rugit l'Homme en déglutissant son bouchon de frites.

Vous en convenez. Mais n'est-ce pas ce qui fait le bonheur des parents et les garde jeunes ? L'inattendu des actions de leur progéniture.

De toute façon, observez-vous, si Justine veut transformer son concubinage avec Louis en événement mondain, pourquoi ne pas en profiter ? Et rendre vos invitations à la traîne depuis des années. Louer le Trotting-Club, faubourg Saint-Honoré (très chic), ou le Trianon-Palace à Versailles (charmant), ou un Bateau-Mouche sur la Seine (ravissant) et hop ! recevoir toutes les familles, tous les amis, toutes les relations d'un seul coup.

L'Homme paraît intéressé. On pourrait même inviter ses clients japonais. Peut-être que la vue d'un mariage à la française les inciterait à signer un contrat qu'ils chipotent depuis des mois.

Fille Aînée poussa des hurlements.

Certes la trotskiste repentie voulait un grand mariage en blanc avec tous ses amis et, bon, un peu de famille puisque vous insistiez tellement. Mais pas à Paris ou à Versailles. Non. A-la-campagne-avec-une-église-de-carte-postale-une-vieille-maison-avec-glycine-une-mairie-toute-petite-un-village-dont-les-habitants-seraient-invités-à-un-vin-d'honneur, etc.

Un mariage simple, quoi !

— Tu es folle ! Tu vas voir : c'est la galère, s'exclama votre amie Catherine, spécialiste reconnue dans votre petit groupe de ce genre d'événements.

— Depuis le mariage de Pauline, gémit votre autre copine Bettina, je passe mon temps à ravaler la maison de Normandie et j'ai dû refaire le jardin et le potager piétinés par une horde de Mongols. Un conseil : prétends que ton médecin te prescrit une cure de bains de boue en Italie juste à l'époque prévue pour la cérémonie, ou sauve-toi en Chine où personne ne te retrouvera au milieu du milliard de Chinois.

Vous n'écoutez pas ces voix de mauvais augure. Et vous entamez le parcours du combattant de la mère de la mariée.

Chez vous, l'ambiance est survoltée. Toute conversation ne concernant pas LE mariage est interdite. Petite Chérie, folle de joie, n'arrête pas de sauter comme un cabri. Elle rêve d'une crinoline sortie d'*Autant en emporte le vent*. Ta robe, on s'en fout ! crie Justine, c'est moi qui me marie, c'est ma robe qui compte. Les deux sœurs se disputent. Vous n'avez plus le temps de travailler. Vous prévenez votre éditeur que vous repoussez la sortie de votre prochain livre aux calendes grecques. Vous vous sentez complètement dépassée, comme au temps où vous étiez une jeune femme découvrant les problèmes de dents, de coliques, de rougeole, de jardin d'enfants, de colonies de vacances, etc. Vous commencez à faire inlassablement des listes marquées *urgentissimo*.

Il vous apparaît que la chose la plus pressante serait de rencontrer la future belle-famille.

Fille Aînée semble brusquement réticente. Aucun intérêt, marmonne-t-elle. Mais encore ? Vous réussissez à lui extorquer que les parents de Louis sont divorcés. Le père, médecin, vit en province. La mère dirige une maison de prêt-à-porter de renommée internationale. Vous annoncez que vous allez lui téléphoner.

— Pas du tout, rétorque l'Homme, c'est au père du garçon de se présenter aux parents de la jeune fille.

— On n'est plus au XIXe siècle, rappelez-vous à votre époux.

Remarque d'autant plus injuste de votre part que, après avoir chaleureusement embrassé Louis pour son entrée officielle dans votre famille, vous vous êtes formellement opposée à ce qu'il vous appelle familièrement par votre prénom. Vous tenez à Belle-Maman.

— Mais toutes mes copines appellent leurs belles-mères par leur prénom, s'indigne Justine. Tu es d'un rétro !

— Complètement ! Mais les enfants doivent supporter les parents qu'ils ont le malheur d'avoir. Je ne t'empêche pas de t'adresser à la mère de Louis comme si vous étiez camarades de guérilla urbaine.

— Elle m'a demandé de l'appeler tout simplement Dolly.

— C'est son vrai prénom ?

— Tu plaisantes ! Louis m'a avoué que c'était Marcelle.

Vous détestez Dolly/Marcelle dès que vous l'apercevez à la Tour d'Argent où vous l'avez invitée avec le secret espoir de l'épater. Mais elle vous fait comprendre, en dépliant sa serviette, qu'elle y cantine tous les jours avec ses clients arabes.

Vous avez devant vous ce que vous détestez furieusement : la Femme Parfaite. Dirigeant ses affaires avec une efficacité redoutable alors que vous gérez votre budget familial comme une pantoufle. Habillée avec une sublime élégance et semblant sortir d'une boîte tandis que vous n'avez jamais réussi à assortir votre sac et vos chaussures ou à empêcher votre tailleur fraîchement repassé de ressembler à un torchon chiffonné dès que vous l'avez porté cinq minutes. Ayant tout lu, vu les films avant leur sortie, voyagé au bout du monde. Bref, Superwoman. A côté d'elle, vous vous sentez fagotée, coiffée à la va-comme-je-te-pousse, mère de filles mal élevées, épouse modeste, écrivain inconnu et même pas bonne à mitonner des confits de canard, ce qu'elle sait faire, elle, à la perfection, la garce. Bref, vous ressortez du dîner dévorée d'un immense complexe d'infériorité. Et effondrée par la sombre perspective d'avoir à rencontrer à l'avenir, aux réunions familiales, cette créature qui a osé insinuer, tout au long de la soirée, que votre Fille Aînée n'était pas digne d'épouser son merveilleux Fils Chéri. Mais, là, vous vous êtes défendue sauvagement. Vous lui avez fait comprendre, à votre tour, que son grand dadais de garçon avait bien de la chance d'être accepté par votre Petite Reine. L'Homme n'a rien saisi de la férocité de vos sous-entendus réciproques. Il trouve que Dolly/Marcelle est une femme intéressante. Ce qui met le comble à votre mauvaise humeur.

Vous passez au problème suivant sur votre liste : le lieu du mariage.

Votre adorable petite maison du Lot semble indiquée.

— Trop loin ! Personne ne viendra à part quelques amis, proteste Justine.

C'est ce que vous aviez secrètement espéré.

Superwoman, elle, a bien un chalet à Crans-sur-Sierre. Très chic. Mais ne présentant aucun intérêt pour la cérémonie dont rêve Justine. Vous notez cependant silencieusement que ce chalet arrangera bien votre fille quand elle voudra caser, aux vacances scolaires, les nombreux enfants qu'elle ne manquera pas d'avoir.

C'est alors que vous avez une illumination. Pourquoi pas la maison de votre mère, près de Senlis ? Pas très grande mais avec un immense jardin romantique, une église pas trop loin dans le village et...

— Génial, crie Fille Aînée, génial !

Votre mère ne partage pas cet avis péremptoire. L'idée de voir déferler des centaines de personnes dans sa tranquille petite demeure la terrorise. On va tout me voler, gémit-elle. Vous lui jurez que vos amis, vos familles et même les clients japonais ne lui chaparderont aucune tasse en porcelaine. Du reste, vous bouclerez à la cave les objets de valeur. Vous promettez également à votre mère qu'elle ne s'occupera de rien. Sinon de s'acheter un beau chapeau. Que vous lui offrez. Vous prenez en charge toute l'organisation du mariage, y compris le nettoyage de la maison, de la cave au grenier.

— Et le lessivage de ma cuisine ? en profite votre mère.

— Et le lessivage de ta cuisine.

Radoucie, elle donne son accord.

— Mais je te préviens, ajoute-t-elle, le curé est un jeune prêtre de choc qui porte des jeans troués, insulte dans ses sermons les vieilles dames un peu bigotes comme moi et transporte l'ostensoir avec le saint sacrement dans un sac en plastique des chaussures André.

— Il s'entendra très bien avec Justine.

Mais Fille Aînée — à qui la perspective d'épousailles bourgeoises n'a pas fait perdre son cher esprit de contradiction — pousse de hauts cris. Je ne veux pas d'un camarade vêtu d'un de ces polos grisâtres avec lesquels les prêtres adorent se déguiser maintenant, piaille-t-elle. Je veux un vieux curé à l'ancienne avec soutane et bon sourire. Vous lui suggérez d'en kidnapper un, avec son ex-groupe trotskiste, à l'église Saint-Nicolas-du-Chardonnet ou chez Monseigneur Lefèvre. Vous lui rappelez, pendant que vous y êtes, qu'elle n'a pas mis les pieds dans une église depuis sa communion solennelle et que sa subite conversion à l'intégrisme le plus farouche ne laisse pas de vous surprendre. Fille Aînée vous répond avec emportement qu'elle n'a pas le temps de se livrer à des assauts dialectiques avec vous.

Tante Madeline sauve la situation. Un vieux copain dominicain à elle accepte de bénir la cérémonie en traditionnelle robe de bure blanche. Fille Aînée est enchantée.

Vient le jour où vous l'emmenez solennellement choisir sa robe de mariée. Vos amies vous ont donné plusieurs adresses. Dont une boutique très élégante, faubourg Saint-Honoré. Vous entrez dans une symphonie de blanc. Justine, en treillis militaire, un masque à gaz en bandoulière en guise de sac — c'est la dernière mode aux Puces —, semble frappée de stupeur. Elle a le sourire d'une jeune vierge en extase. Vous vous pincez pour y croire. Elle se laisse entraîner avec exaltation dans un tourbillon de tulle, de crêpe, de broderie anglaise, de piqué, de dentelle, etc.

Pendant ce temps, vous vous enquérez discrètement auprès de la vendeuse du prix moyen de ces robes de rêve.

Vous manquez vous évanouir.

Le S.M.I.C.

— Nos modèles sont faits sur mesure avec deux essayages, dit précipitamment la vendeuse, voyant votre émoi.

— Si on allait chez Tati, murmurez-vous à Fille

148

Aînée dans le creux de l'oreille. Ce serait plus dans nos prix.

Mais Justine ne vous écoute pas. Le visage radieux, elle hésite entre un modèle en crêpe blanc très sophistiqué et un autre en piqué, style jeune fille romantique dans un jardin anglais. Elle est tellement bouleversée qu'elle vous demande même votre avis, ce qu'elle n'avait pas fait depuis l'âge de quatre ans.

— Elles te vont aussi bien l'une que l'autre, dites-vous avec une admiration sincère. (Qu'elle est belle, votre fille, avec sa taille fine, ses cheveux dorés, ses yeux gris !) Mais le tout est de savoir ce que tu en feras après.

Justine vous regarde avec surprise.

— Je n'ai pas l'intention de me marier plusieurs fois de suite avec la même robe, répond-elle, indignée.

La vendeuse intervient avec autorité. On sent qu'elle connaît tous ces problèmes à fond. En raccourcissant celle en crêpe, vous aurez une ravissante robe de cocktail. Avec l'autre en piqué, vous pourrez garnir un adorable berceau d'enfant... et... (elle vous chuchote dans l'oreille) nous acceptons le crédit.

— Hein ? Je peux quand même payer une robe de mariée à ma fille ! s'indigne l'Homme, le soir.

— Et ma robe à moi, celles de Joséphine et des petites demoiselles d'honneur, le chapeau de ma mère, les invitations, la réception et tout le bataclan ? Cela va nous coûter une fortune, supputez-vous, soucieuse.

— Si on invitait mes clients allemands en même temps que les Japonais, je pourrais peut-être faire passer tout ça dans mes frais généraux...

— La réception, peut-être. Mais la robe de mariée ?

Vous imaginez sans peine la tête des contrôleurs du fisc.

— Ils sont tellement mesquins, concède l'Homme. Figure-toi que pas plus tard qu'hier...

Vous l'interrompez. Les démêlés de l'Homme avec le fisc constituent un feuilleton inépuisable.

Il vous faut choisir. Ou un beau mariage. Ou refaire le toit de la maison du Lot qui en a bien besoin.

— D'autant plus que je ne sais pas s'il attendra l'année prochaine, reprend l'Homme, préoccupé. Et je n'ai pas fini de payer nos impôts. Non, ce Grand Mariage n'est pas raisonnable.

Vous vous regardez, accablés.

— D'un autre côté, Justine traverse une crise romantico-bourgeoise, soupirez-vous, je ne sais pas si j'aurais le cœur...

— Bon! Allons-y pour le Grand Mariage, dit l'Homme, incapable d'envisager de décevoir sa Fille Aînée adorée. On refera le toit l'année prochaine. Et, pour les impôts, ces suceurs du sang des contribuables attendront!

Mais il pousse des rugissements de tigre tombé dans un piège quand, après avoir collecté toutes les listes d'invitations : les amis de Justine, ceux de Louis, les vôtres, les membres des deux familles, la classe de Joséphine, toutes les invitations mondaines que vous devez rendre depuis dix ans, celles professionnelles de l'Homme, celles de Superwoman, les vieilles copines de bridge de votre mère et celles du jardinier — seul le père de Louis annonce sa présence en unique exemplaire, de Nice —, vous en faites le total sur votre petite calculatrice de poche.

Mille invitations.

Mille.

— Ce n'est pas possible! crie votre mère, mille personnes assiégeant ma maison de poupée et mon jardin de curé! Je vais me barricader et appeler les pompiers.

— Ce n'est pas possible! hurle l'Homme. Moi, je n'ai invité que trois clients...

— Plus toute ta famille, remarquez-vous. Et Dieu sait s'ils sont nombreux et morfalous. Aucune chance qu'ils ne viennent pas, ceux-là!

— Ils sont encore plus innombrables chez toi, grogne l'Homme, ressortant avec entrain un vieux reproche conjugal. Un vrai clan. Du reste, c'est bien connu dans ton pays. Battez un buisson, il en sortira un Vidouze.

— Moi, c'est mon mariage, proteste Justine, c'est normal que j'invite tous mes copains. Et Louis aussi.

— Tu ne vas pas me dire que vous avez, à vous deux, trois cents copains intimes. Si tu veux un Grand Mariage Bourgeois, je suis bien obligée d'inviter les familles. D'autant plus que tante Madeline a déjà téléphoné dans la France entière et qu'il viendra des oncles, des tantes, des cousins de partout. Un véritable salon agricole.

Vous tombez tous d'accord que les invitations superflues viennent de la mère de Louis.

Cette dernière ne partage pas ce point de vue.

— Je paie ma part pour mes invités, remarque-t-elle, sèchement, au téléphone.

— La question n'est pas là, chère madame, faites-vous mielleusement, la maison de ma mère ne peut, en aucun cas, contenir cette foule sous peine d'exploser.

Après maintes discussions orageuses, larmes, nombreux échanges téléphoniques avec Dolly/Marcelle, vous décidez d'appliquer un plan Rigueur et Austérité digne d'un gouvernement socialiste. 1) Chacun fera des coupes sombres dans sa liste. Vous y veillerez personnellement. 2) Il sera envoyé sept cents faire-part de mariage mais seulement trois cents cartons d'invitation à la réception.

Votre copine Victoire vous a donné le truc.

— Et indique bien : « Mariage célébré dans la plus stricte intimité », a-t-elle ajouté.

Avec trois cents personnes ?

Fille Aînée arrive, un matin, très agitée. Désormais, elle vit plus chez vous que chez elle. L'état-major des forces alliées préparant le Débarquement ne devait pas être plus occupé que vous deux par le mariage de Justine.

— J'ai rendez-vous avec Louis chez le bijoutier pour la bague de fiançailles.

— Parce que tu vas porter une bague de fiançailles avec ton treillis militaire et tes ongles rongés et jaunis par le tabac ?

Fille Aînée paraît embarrassée.

— Je ne la mettrai pas tous les jours, dit-elle modestement. Mais je ne vais pas refuser ! La mère de Louis a un superbe diamant de famille, prévu pour la circonstance.

Votre gauchiste avec un diamant gros comme le Ritz !

— Il paraît qu'il vaut beaucoup de fric, reprend Justine avec animation. Louis voudrait qu'on le vende et qu'avec les sous on se paye un superbe voyage autour du monde.

— Cela ne me paraît pas une mauvaise idée !

— Jamais ! crie Fille Aînée qui s'embourgeoise à vue d'œil (si Arlette Laguillier voyait ça !). Ça porterait malheur. Une bague de fiançailles est une bague de fiançailles. Simplement, je trouve ça ringard de la porter à l'annulaire. Je la porterai à l'index.

Ah ! quand même !

Le bijoutier de la rue de la Paix ne parut surpris ni par les ongles rongés de Fille Aînée, ni par sa tenue de guérillero, ni par son désir de porter sa bague de fiançailles à l'index. Il avait dû en voir d'autres.

Mais vous n'êtes pas au bout de vos étonnements.

— Hier, on a été chez le notaire avec Louis, pour le contrat de mariage, vous annonce paisiblement Justine, au cours d'une de vos quotidiennes réunions d'état-major des forces familiales pour l'organisation du Grand Jour.

— Un contrat de mariage ? Mais tu n'as pas de dot ! Nous sommes bien incapables, ton père et moi, de te donner autre chose que deux paires de draps et six serviettes-éponges !

— Mais Louis a une dot. Sa mère lui offre un deux-pièces où nous allons nous installer et elle a exigé un contrat de séparation de biens.

Louis avait une dot !

Et pas votre fille !

L'Homme mit un mois à s'en remettre et refusa de s'adresser à Dolly/Marcelle autrement que par grognements. Puis décida d'offrir, lui, aux jeunes mariés leur voyage de noces à Venise. La réfection du toit de la maison du Lot fut remise à deux ans.

C'est toujours préoccupée par ce maudit toit (votre voisin vous avait prévenue qu'il avait dû déposer des bassines dans toutes les chambres pour recueillir l'eau de pluie) que vous présidez au deuxième essayage de la robe de la mariée.

Votre cœur bat d'adoration éperdue devant la jeune créature de rêve qui, débarrassée de ses oripeaux kaki au profit d'une virginale robe blanche, se sourit dans la glace.

Puis, soudain, vous prenez conscience que quelque chose ne va pas dans la robe. Ne va plus.

— Je suis un peu serrée dedans, murmure Fille Aînée à la vendeuse. J'ai dû trop manger ces temps-ci.

La vendeuse ne répond pas.

Vous non plus.

Vous regardez toutes les deux la même chose.

Le petit ventre de Fille Aînée qui a brusquement gonflé.

Votre ange virginal attend un bébé. Pas du Saint-Esprit mais de Louis. En fin de compte.

Le silence dure.

Justine rougit. Pour la première fois depuis longtemps.

— Bon, ça m'emmerdait de te le dire. Mais… c'est vrai. Je suis enceinte ! J'espérais que ça ne se verrait pas si on se mariait assez vite.

— Cela pousse d'un coup, au troisième mois et demi, dit la vendeuse en hochant la tête.

— Ce qui me blesse, dites-vous, les larmes aux yeux, c'est que tu ne me l'aies pas dit !

— Pardon, c'est idiot, murmure Justine d'un air misérable, mais je n'y arrivais pas. Rappelle-toi, c'est la première question que tu m'as posée à la gare d'Aus-

'z qu**and** je t'ai annoncé qu'on se mariait. Alors,
par esprit de contradiction…

Votre chagrin s'envole. Votre Justine, malgré son
deux-pièces, sa bague-de-fiançailles-à-l'index et son
Grand Mariage Bourgeois, reste votre Justine. Vous
vous levez et vous allez serrer farouchement dans vos
bras votre petite fille qui, à son tour, va avoir une petite
fille. Vous piétinez la robe mais tant pis. Fille Aînée
s'accroche à votre cou. Vous vous embrassez follement.

Vous vous comprenez toutes les deux et c'est bon.

La vendeuse attend avec patience la fin de votre
scène d'émotion. Vous revenez sur terre :

— Qu'est-ce qu'on fait pour la robe ? Peut-on changer de modèle étant donné les circonstances ?

— Oh non ! madame, dit la vendeuse, très calme.
Mais, vous savez, ce genre d'incident est prévu. Je peux
vous avouer que 80 % de nos clientes sont dans le cas
de votre jeune fille. Alors, voilà, pour le modèle que
vous avez choisi, nous remontons la taille comme ça et,
avec quelques fronces sur le ventre, Mademoiselle peut
porter un petit six mois sans que personne le remarque.

Vous ne regrettez plus d'être venue dans cette
boutique combien chère mais pratique.

Justine vous fait jurer de ne révéler à personne son
secret.

Le soir même, vous faites jurer à l'Homme de ne
révéler à personne — même pas à son contrôleur du
fisc — le secret que vous allez lui confier. L'Homme
crache en levant la main droite. Vous lui apprenez
qu'aux dépenses effrénées pour le Grand Mariage il
doit ajouter une subvention pour accouchement.

— Ce Louis, quel petit salaud ! Il ne pouvait pas
attendre !

— Maintenant, avec la pilule, c'est plutôt Justine qui
ne pouvait pas attendre.

— Deux fous, grommelle l'Homme.

— J'ai connu dans ma vie, dites-vous rêveusement,
un jeune homme qui m'a persuadée qu'il était ridicule
de languir jusqu'au soir du mariage officiel pour faire

154

l'amour et mettre un enfant en train. Alors ce jeune homme a loué une chambre au Ritz avec ses modestes économies et, quinze jours avant la noce, le jeune homme et la jeune fille se connurent, comme il est dit dans la Bible. Et c'était tellement bien qu'ils n'arrêtèrent pas de se connaître, toujours comme dans la Bible, pendant les quinze jours suivants. Dans des voitures, dans des granges à foin, dans des dunes de sable au Touquet et même dans le placard de la chambre de la jeune fille.

L'Homme sourit. D'un de ces sourires charmeurs de petit garçon qui vous font battre le cœur après quelque vingt ans de mariage.

— Tu veux que je te ramène au Ritz ? demande-t-il tendrement.

— Je préférerais la grange à foin. J'adorerais voir la tête de nos filles si elles nous retrouvaient dans une gendarmerie pour attentat à la pudeur conjugale en plein air.

— Je vais me livrer sur toi à un attentat à la pudeur en chambre, annonce l'Homme gaiement.

Au milieu de son attaque, il vous demande :

— Et si on faisait un autre bébé, nous aussi ?

— Pitié ! Pas au moment d'être grand-mère !

— Nom d'un chien, je vais être grand-père ! s'écrie l'Homme, horrifié.

— Ce n'est pas une raison pour faiblir dans tes entreprises sexuelles, remarquez-vous.

Non, Dieu merci.

9

Dans les semaines qui suivent, vous êtes emportée par un tourbillon dément. Les réunions de l'état-major des forces familiales pour l'organisation du Grand Jour sont permanentes et donnent lieu à des débats houleux.

Discussion sur le texte des faire-part. La mère de Louis, ayant, semble-t-il, gardé une solide rancune à l'égard de son ex, ne veut pas que le nom de ce dernier soit cité avant le sien.

Discussion sur l'annonce à faire paraître dans le carnet mondain du *Figaro*. Justine s'y refuse absolument :

— Mes copains vont se foutre de ma gueule : je veux *Libé*.

— Mais il n'y a pas de carnet mondain dans *Libé*, seulement des annonces dégoûtantes, glapit Superwoman.

Vous frémissez vous-même en imaginant la tête de tante Madeline découvrant l'avis du mariage de sa petite-nièce au milieu de textes tels que : « Couple de voyeurs recherche partenaires partageant goût pour photos pornos... » ou « Mec, trente ans, jolies fesses, travaillant en short, cherche heures de ménage chez monsieur viril. Patron sale et vulgaire accepté... »

L'Homme, pour apaiser sa tribu, propose *Le Monde*. Vous, *Le Quotidien de Paris*. Joséphine, *Best* et *Rock and Folk*. Finalement, Superwoman alla déposer en douce son texte au *Figaro*. Sans le nom de son ex, ce donna lieu à une dispute mémorable entre mère et fils.

Discussion sur le nombre des petites demoiselles d'honneur en robe de liberty rose. Si vous teniez compte de toutes les supplications familiales, c'est une meute de colonie de vacances que Fille Aînée traînerait derrière elle à l'église.

— Je ne veux pas de neveux et nièces imbéciles que je ne connais pas mais les enfants de mes copines, clame Justine par une fin d'après-midi agitée, le visage recouvert d'un masque d'argile verte destiné à lui garder son teint de jeune fille.

Vous portez le même masque d'argile verte pour essayer de vous rendre ce fameux teint de jeune fille (plus difficile), ainsi que Joséphine qui adore essayer tout ce qui ressemble à un produit de beauté.

— En tout cas, c'est à moi de conduire le cortège, brame Petite Chérie, c'est moi la sœur.

— Tu ressembles à une asperge, piaille Fille Aînée, tu marcheras la dernière.

— Je me tue si je ne suis pas la première, sanglote Joséphine.

La bouche en cul-de-poule — pour ne pas craqueler votre masque —, vous hurlez à vos filles de se taire. L'Homme rentre, à ce moment-là, avec le chien et manque tomber à la renverse à la vue de ces trois harpies au visage vert en train de brailler dans son salon. Roquefort — que vous n'avez plus le temps de promener — ne vous reconnaît pas et aboie comme un fou. L'Homme lui rugit de se taire. Les voisins descendent chez la concierge pour lui demander ce qui se passe. Depuis quelque temps, on n'entend chez vous que cris et vociférations.

Vous vivez sur les nerfs. Vous brûlez les feux rouges et, un jour, vous emboutissez même un camion de yaourts. Le chauffeur descend avec indignation. Vous l'injuriez dans un vocabulaire qui ferait rougir un bataillon de légionnaires et qui vous stupéfie vous-même. Où avez-vous appris de telles obscénités ? Soit vous avez été au Bat' d'Af' dans une vie antérieure, soit un diable particulièrement grossier est en train de prendre possession de votre corps comme dans un film d'horreur américain. Le conducteur du camion de yaourts n'en revient pas : « Jamais je n'aurais cru qu'une dame comme vous puisse dire de telles cochonneries ! » déclare-t-il dignement en remontant dans son dix-tonnes. Le démon qui s'est emparé de vous lui fait un bras d'honneur. Où trouver un exorciste pour la Mère de la Mariée ?

Vous devez reconnaître que Fille Aînée se coule comme une couleuvre dans les démarches administratives, la publication des bans, les visites médicales, les entretiens avec le jeune curé de choc, etc. Elle ne prononce pas une seule fois le mot d'Etat-bourgeois.

Vous prenez, vous, rendez-vous avec un traiteur que l'on vous a recommandé et qui arrive chez votre mère dans une superbe Mercedes, portant fièrement un album de photos de tous les mariages somptueux où il a officié.

— Mais c'est une toute petite maison ! s'exclame-t-il, consterné. J'ai plutôt l'habitude des châteaux. Enfin ! On peut utiliser le jardin. A condition de mettre une tente parce qu'en avril ne te découvre pas d'un fil, hein ?

Vous êtes d'accord pour la tente.

— Combien d'invités ?

Vous avouez trois cents à voix basse.

Il a un haut-le-corps.

— D'habitude, je ne sers qu'à partir de cinq cents. Il est vrai que trois cents personnes tiendront à peine dans cette maisonnette et ce jardinet.

— Peut-être ne viendront-ils pas tous ? balbutiez-vous. Nous avons beaucoup de famille en province.

— Ne comptez pas là-dessus, assure le traiteur d'un air las.

En revanche, il prend une mine courroucée quand vous commencez à discuter le menu du buffet. Et surtout son prix.

Bon, je vois ce qu'il vous faut : la catégorie 2, ...re-t-il d'un ton méprisant et sans réplique.

Visiblement, les photos du mariage de votre fille ne figureront pas dans son bel album.

Les cadeaux commencent à arriver. Telle une marée recouvrant tous les espaces libres de votre appartement.

Au début, Justine avait déclaré qu'elle désirait que l'argent des cadeaux soit envoyé à l'Association pour l'alphabétisation des petits Esquimaux. Louis resta impassible. Mais — vous ne saurez jamais comment — il fit changer d'avis sa future femme. A votre grande joie. Non que vous ayez quelque chose contre la noble cause de l'alphabétisation des petits Esquimaux. Mais vous êtes follement impatiente de voir qui va donner quoi. Votre curiosité n'est pas déçue. Une flopée d'horreurs est convoyée par les moyens les plus divers jusque chez vous. Plateaux à fromages sans cloche. Cloches sans plateau à fromages. Mais ne s'ajustant jamais mutuellement. Soixante-sept présentoirs à amandes salées et cacahouètes dont vous n'entrevoyez pas du tout l'usage chez Fille Aînée. Coupes ne servant à rien. Petites boîtes à cachous. Assiettes dépareillées. Cendriers en tel nombre que même Justine et ses copines, toutes fumeuses de choc, n'ont aucune chance de les remplir, même en fumant trois cigarettes à la fois dix-huit heures par jour.

Fille Aînée, sur le conseil général, avait déposé deux listes de mariage. La première dans une boutique très élégante et très chère. Aucun succès. La seconde dans une quincaillerie pour monter sa batterie de cuisine fort succincte. Pas plus de succès. Par contre, déferlent des nanars que les boutiques les plus diverses avaient visiblement mis de côté pour vous.

Après son mariage, Fille Aînée passera un mois entier à tenter d'échanger une grande partie des objets reçus. Et découvrira que : 1) une partie des cadeaux emballés dans des boîtes de Dior ne venaient pas de chez Dior ; 2) l'énorme éléphant de céramique rouge servant à on ne sait quel usage mystérieux, sinon à occuper la moitié d'une pièce, était bien de chez Dior mais datait de cinq ans : la vendeuse refusa de le reprendre ; 3) le lampadaire en faux cuir avait déjà fait sept mariages avant d'aboutir chez vous : il reprit sa course vers un huitième.

Les objets impossibles à échanger furent en partie rachetés par vous — un peu d'argent frais enchanta le jeune ménage — pour devenir de nouveaux cadeaux dans le cadre de l'opération Vengeance de la Mère de la Mariée. Et vous donnez une pleine camionnette de cendriers, de coupes et de boîtes (en bois, céramique, verre, plastique, etc.) à la mairie de votre petit village du Lot, pour la loterie du 15 Août. Quant au reste, il emplit la moitié de votre grenier.

Vous avez eu cependant une pensée reconnaissante pour les pourvoyeurs de cendriers quand arriva le cadeau d'une vieille tante de Louis.

Une cage avec deux colombes blanches *vivantes*.

Une cellule de crise se réunit. Que faire de ces volatiles de la paix ? Personne n'en voulait.

Justine prétexta qu'elle était en plein déménagement.

Vous, que vous n'aviez pas une seconde pour vous en occuper, sauf à vous lever à 5 heures du matin.

L'Homme refusa de les donner à sa secrétaire ou à son percepteur.

La concierge déclara qu'elles rendraient son chat fou de convoitise.

Louis proposa de poser la cage ouverte sur le balcon et de laisser s'envoler vers d'autres cieux les bestioles encombrantes.

Petite Chérie s'exclama alors dramatiquement qu'elle allait dénoncer à Brigitte Bardot la famille de monstres où elle vivait. Il était évident que ces pigeonnes de luxe, habituées à trouver leur nourriture le matin dans leurs mangeoires, mourraient de faim dans un Paris où ne pousse aucune graine à colombe sur les trottoirs.

Tout le monde convint, en fin de compte, que la place idéale de ces fâcheuses volailles était la campagne et la maison de votre mère.

Mais celle-ci s'y opposa farouchement. Je hais les colombes, cria-t-elle, leurs roucoulements m'énervent.

Les jours passaient. Les colombes étaient toujours là. Vous étiez ivre de rage de devoir — au milieu de toutes vos préoccupations — courir acheter des graines (les sales bêtes picoraient comme des folles), nettoyer la cage (vous n'auriez jamais deviné que c'était aussi sale, des colombes) et les empêcher de se battre. Vous envisagez — sans l'avouer à personne — de les manger rôties avec des petits pois. Vous craignez que Petite Chérie ne tienne parole et ne vous dénonce à Brigitte.

C'est alors qu'éclata le drame du voile. Deux semaines avant le Grand Jour, tante Madeline — qui avait refusé, elle aussi, les colombes — convoqua l'Homme pour lui annoncer qu'elle le déshériterait si Fille Aînée ne portait pas, à son mariage, le voile de famille en dentelle de Calais transmis de génération en génération.

— Jamais je ne mettrai ce truc sur ma tête, cria Justine. Monsieur Valentin m'a composé une ravissante couronne de fleurs et tulle blancs. Je ne veux pas de ce vieux machin tellement long qu'il traîne par terre et que j'aurais l'air emballée dans un rideau bonne femme.

— Tante Madeline est la gardienne des traditions de ma famille, déclara noblement l'Homme.

— Tu dis toi-même que c'est une vieille salope, glapit Fille Aînée.

— Peut-être, répondit toujours noblement le Père de la Mariée, mais puisque tu veux un grand mariage traditionnel — et Dieu sait si c'est emmerdant et que cela nous coûte cher — je te trouve gonflée de ne pas en assumer les usages.

Là-dessus, tout le monde craqua.

Justine éclata en sanglots, ululant que, puisque

c'était comme ça, elle ne voulait plus d'un Grand Mariage Bourgeois mais qu'elle irait épouser Louis, pieds nus et en haillons, dans un coin inconnu de l'Aveyron. (Pourquoi l'Aveyron? Le mystère demeura entier.) A votre tour vous fondîtes en larmes en faisant remarquer que, depuis trois mois, vous vous défonciez à préparer une fête dont on parlerait dans la famille pendant trois générations et que PERSONNE ne vous en avait la moindre reconnaissance. Et que, si Fille Aînée vous laissait en plan quinze jours avant la cérémonie avec trois cents invités, un buffet catégorie 2, une robe de mariée payée par traites, deux colombes idiotes et une Dolly/Marcelle sifflante comme une vipère (« J'avais bien dit que mon fils faisait une erreur en épousant cette fille »), vous iriez vous réfugier dans un asile d'aliénés avec une bonne dépression nerveuse. A moins que vous ne disparaissiez à jamais dans la jungle amazonienne dont l'enfer vert vous semblait bien calme à côté de l'agitation de votre foyer parisien. Joséphine, elle aussi, se mit à piauler qu'elle se TUERAIT si elle ne portait pas sa robe de demoiselle d'honneur en liberty rose. L'Homme rugit que les bonnes femmes étaient toutes des emmerdeuses et qu'il allait vivre sur un lit de camp dans son bureau où ses démêlés avec l'inspecteur du fisc étaient de doux murmures à côté des embêtements qu'il avait chez lui. Entendant tout le monde crier, Roquefort crut à un désastre et se déchaîna en aboiements. On lui hurla de se taire, nom de Dieu, quel sale cabot! Les voisins redescendirent chez la concierge en lui demandant d'appeler police-secours pour faire cesser votre tapage nocturne. Pourtant vous étiez une famille si tranquille. A qui se fier?

Seul le futur Monsieur Gendre garda son flegme souriant. Il attendit que tout votre monde fût épuisé de beugler et de pleurer. Puis proposa calmement de demander son avis à Monsieur Valentin, maître ès coiffures de mariées.

Monsieur Valentin comprit immédiatement le problème. Il battit des mains, poussa de petits cris de souris extasiée et assura à Fille Aînée qu'elle aurait l'air d'une princesse dans cette sublime parure ancienne. L'idée de surclasser Lady Di ne déplut pas du tout à votre gauchiste. Le fait qu'elle dût traîner dix mètres de dentelle de Calais accrochés à sa tête l'enchanta brusquement.

Vous dédiez un sourire de remerciement à Monsieur Valentin qui vous fait un coup d'œil complice.

Une semaine avant le Grand Jour, vous constituez un commando et vous vous installez avec Justine et Lucinda, votre chère femme de ménage, dans la maison de votre mère. Pour tout nettoyer de la cave au grenier. Et lessiver la cuisine, comme promis. A grands coups de brosse, d'éponge, de chiffon, de lessive Saint-Marc, d'eau de Javel, de cire d'abeille, etc. Votre mère, effrayée par l'activité frénétique du commando, se terre dans sa chambre. D'où elle ne sort que pour vous demander plaintivement pourquoi vous avez volé ses assiettes en vieux Rouen et ses vases de Chine.

— Tu pourrais attendre que je sois morte, vous reproche-t-elle.

Vous lui répondez patiemment que vous ne lui avez piqué aucun de ses trésors mais qu'ils étaient entassés dans la cave pour éviter d'être cassés par des invités maladroits, le jour du Grand Jour. Votre mère fait semblant de vous croire.

Pendant le week-end, Petite Chérie et un bataillon de ses jeunes copines viennent confectionner des kilomètres de fleurs en papier de soie blanc destinées à décorer la maison, le jardin, l'église. Vous engagez le fils du jardinier pour aider son père à arracher les mauvaises herbes des allées qui repoussent opiniâtrement chaque matin et tondre la pelouse. Vous fléchez les toilettes. Votre amie Catherine vous a assuré que c'était la chose la plus importante dans une grande réception : flécher les toilettes. Sinon on risquait de voir les invités errer à travers la maison avec un air angoissé, ouvrir toutes les portes, y compris celle de la cave, s'interroger mutuellement et frénétiquement à voix basse. Et même quelques vieux messieurs soulager leur prostate dans les vases de fleurs blanches (quelle horreur !)

Vous êtes hébétée de fatigue. Sale. Les cheveux comme les poils d'un vieux balai. Les ongles cassés. Les muscles endoloris.

C'est alors que Fille Aînée se rappelle qu'une de ses amies est allée à la mairie avec son père dans une vieille carriole à cheval. C'était ravissant, d'une classe folle, tu sais, maman ! Dans un sursaut, vous trouvez le courage de dire non. Dégoter une carriole ancienne à trois jours du mariage et la revernir complètement est au-dessus des forces qui vous restent.

— Mais on a le cheval ! s'exclame Justine qui tient à son idée. Il y a un club hippique à côté du village.

Vous prédisez sombrement qu'il s'agira soit d'une horrible carne qui refusera d'avancer, ridiculisant ainsi la noce qui devra pousser l'attelage en piétinant dans la boue, car il ne manquera pas de pleuvoir suivant le principe que quand tout va mal tout va mal, soit, au contraire, d'une jument folle qui s'emballera. Vous décrivez le tableau apocalyptique de la mariée et de son papa disparaissant au galop et à jamais vers des horizons lointains, dans un tourbillon de dentelle de Calais.

Fort heureusement, l'attention de Fille Aînée est détournée par ses démêlés avec le curé de choc qui refuse de voir son église envahie par vos guirlandes de fleurs blanches. Un mariage n'est pas une kermesse, remarque-t-il sévèrement. Et il propose d'orner le chœur de dessins des enfants du catéchisme sur la faim dans le tiers monde. Fille Aînée milite elle-même contre la faim dans le tiers monde. Cela ne l'empêche pas de tenir mordicus à sa décoration florale. Le curé menace de faire un sit-in devant l'autel, le jour de la cérémonie. Finalement, un compromis est trouvé. Il y aura dans l'église à la fois vos pimpantes guirlandes et les dessins des enfants du catéchisme sur le tiers monde.

ET LE GRAND JOUR ARRIVE.

Vous êtes réveillée dès l'aube par une violente dispute qui oppose le jardinier et le traiteur quand ce dernier veut planter les piquets de sa tente dans la pelouse. Les deux hommes menacent d'en venir aux mains. Le jardinier a le dessous et s'enfuit en vous maudissant.

Vous avez à peine dormi. L'émotion vous a tenue éveillée ainsi que la crainte de déranger la superbe coiffure que Monsieur Yves a élaborée sur votre crâne, la veille au soir.

La mariée a mal au cœur. Allons bon, ce n'est pas le moment. Joséphine a bavardé jusqu'à 5 heures du matin avec ses copines, à quatre dans le même lit. L'Homme a fait des cauchemars et hurlé : « Monsieur l'Inspecteur, mettez-moi en prison tout de suite ! » Seule votre mère a ronflé.

Vous êtes tous en petite tenue du matin dans la cuisine en train de déjeuner quand les serveurs du buffet l'envahissent brutalement et vous repoussent dans vos chambres. Justine, Joséphine et un tourbillon d'amies de tous âges, en soutien-gorge et culotte, commencent à occuper l'unique salle de bains. Vous vous glissez en kimono pour vérifier vos bouquets de fleurs (achetées la veille aux Halles) et vos affichettes w.-c. quand Justine apparaît, dramatique, en haut de l'escalier. Il manque la ceinture de sa robe de mariée qui pend comme un doux fantôme dans sa chambre. Vous vous précipitez sur le téléphone pour prier la cousine Jeanne de passer la récupérer à la boutique. Vous ne paierez pas le dernier versement d'une robe sans ceinture !

— Et ma jarretière bleue ? crie Justine qui a décidé de n'ignorer aucune tradition d'un mariage bourgeois. Qui a pensé à ma jarretière bleue ?

La vérité éclate. Vous avez oublié la jarretière bleue.

166

— Mais je dois porter quelque chose de bleu. Ça porte bonheur ! sanglote Fille Aînée.

Plus superstitieuse qu'une trotskiste repentie, il n'y a pas ! Vous vous reprécipitez sur le téléphone pour rappeler la cousine Jeanne. Déjà partie. Vous obtenez que Justine transige. Elle portera autour de la cuisse droite le ruban bleu d'une boîte de chocolats que votre mère — qui ne jette jamais rien — retrouve dans une vieille soupière.

Profitant d'une seconde d'inattention générale, vous vous glissez dans la salle de bains pour prendre votre douche. Sans mouiller la coiffure qui trône sur votre tête. Vous enfilez votre ravissante robe de soie beige Per Spook (une folie mais vous avez promis à l'Homme qu'elle vous habillera à tous vos cocktails pour le reste de votre vie). Vous vous maquillez. Un peu trop. Mais la Mère de la Mariée se doit d'avoir bonne mine. Vous y allez d'un nuage de Diorissimo. Prête !

Vous sortez de la salle de bains et vous croisez le fils du jardinier. Il vous regarde avec stupeur, porte la main à sa bouche et s'écrie : « Oh ! Madame, que vous êtes belle ! *Personne ne va vous reconnaître !* » Vous ne vous attardez pas pour savoir si c'est un compliment. Vous volez aider l'Homme à s'habiller lui-même. Il a refusé énergiquement de louer une jaquette au Cor de Chasse et s'est vêtu tout en noir, style anarchiste. Il consent cependant à glisser un camélia blanc à sa boutonnière et à ne pas porter de chaussures dépareillées (l'une vernie, l'autre non).

Joséphine a déjà boutonné de travers sa robe en liberty rose et surveille le clan des demoiselles d'honneur et des petits garçons qui sautent comme des puces de mer dans toutes les directions.

Les premiers invités arrivent. Inconnus. Vous les envoyez à la mairie. Débarque un groupe d'écolos — des amis de Fille Aînée — avec d'étranges instruments de musique ancienne. Ils vous apprennent qu'ils constituent un groupe folklorique occitan et vont jouer moult gaillardes, chaconnes et gavottes. Vous les félicitez.

Vous remettez à plus tard de leur apprendre que l'Homme — dernière folie ! — a loué son propre orchestre bourgeois.

Sortent enfin d'une superbe Alfa Romeo Louis et sa mère. Vous pestez intérieurement. Superwoman est splendide. Tout en rouge, avec une énorme capeline de paille noire. Elle se remarque à des kilomètres à la ronde. La garce. Vous savez qu'elle l'a fait exprès. Du reste, votre mère vous avait prévenue : « C'est à la capeline qu'on reconnaît les mères des mariés ! » Mais vous n'avez pas voulu l'écouter et vous encombrer d'un chapeau. Vous avez l'air d'une modeste invitée à côté d'elle, malgré la robe de Per Spook et la coiffure de Monsieur Yves. Vous vous promettez que pour le mariage de Petite Chérie vous porterez, vous aussi, sur votre tête, une immense soucoupe volante dégoulinante de fleurs et de rubans.

Le père de Louis se présente. Et jette un regard de haine à son ex-femme. Ils se saluent sèchement de loin. La ceinture n'est toujours pas arrivée. Tant pis. Il faut partir à la mairie qui se trouve à cinq minutes à pied. Vous jurez à Justine que sa robe est mieux sans ceinture. Son petit ventre se remarquera moins. Le cortège s'organise. L'Homme prend majestueusement le bras de sa Fille Aînée adorée. Vous attrapez gaiement celui de Louis, toujours flegmatique.

— Pardon ! C'est moi qui dois donner le bras à mon fils, remarque furieusement Dolly/Marcelle en vous arrachant son héritier.

Vous vous retrouvez avec le père du marié. Il vous complimente sur votre robe de soie et votre teint de pêche Rubinstein.

— J'ai l'impression de conduire ma propre fille à l'autel, ajoute-t-il, charmeur.

Vous le trouvez ab-so-lu-ment-dé-li-cieux. Cela ne vous étonne pas qu'il ait divorcé de la terrible Superwoman. Vous apprenez qu'il dirige une maison de retraite près de Nice. Vous saurez où aller quand vous serez vieille.

Pour l'instant, le soleil est radieux. Les pommiers en fleur. La noce ravissante. Vous oubliez votre fatigue, vos jambes qui pèsent une tonne, vos courbatures et vos escarpins trop étroits aux talons si fins que vous avez l'impression de trottiner sur des aiguilles à tricoter. Voilà où la coquetterie vous a menée. Vous finirez la journée avec vos pieds troués et vos chevilles foulées. C'est sûr. En attendant, en avant ! Un cri. Grand-mère ! Où est grand-mère ? Votre mère — satisfaite de son effet — sort théâtralement de sa maison avec le coquin petit chapeau à voilette que vous lui avez offert. Tante Madeline ne perd pas de l'œil son voile héréditaire.

Mairie. Vous n'entendez qu'un bourdonnement. Le maire lit avec solennité les articles du Code que les mariés écoutent gravement mais qui font ricaner un étrange petit groupe que vous soupçonnez être les copains trotskistes de Fille Aînée. On vous dit de signer sur un registre. Vous signez. Quoi ? Cela vous est égal.

La noce repart pour l'église. L'entrée de la mariée provoque un murmure d'admiration. L'Homme est blanc d'émotion. Votre cœur de mère bat à en éclater. Votre petite fille rayonne de beauté et de joie, ses dix mètres de dentelle gonflés derrière elle comme la voile d'une nef magique. Les trotskistes semblent pétrifiés au fond de l'église. Le cortège des petits garçons et des petites filles d'honneur suit dans un désordre complet. Le petit Adrien — trois ans — trébuche sur le voile sacré qui manque d'être arraché brutalement de la tête de Justine, laquelle doit s'arrêter pile dans sa majestueuse montée vers l'autel. Une main anonyme enlève le coupable ; il en profite pour crier « pipi » d'une voix effrayée. Fille Aînée n'a pas bronché. Elle est restée souriante. Elle a dû prendre des leçons à la cour d'Angleterre sans vous en parler.

Messe dans un rêve.

Les deux oui.

L'échange des alliances que Louis n'a pas oubliées.

Vous lui avez téléphoné quatorze fois depuis la veille à ce sujet.

La marche nuptiale de Mendelssohn qui vous fait monter les larmes aux yeux. La-la, la... la-la-la-la.

A la sortie, tout le monde applaudit le jeune couple. Les hippies-écolos jettent des fleurs des champs. Les trotskistes du riz et non des cocktails Molotov. Des dizaines de photographes prennent des photos sur le parvis de l'église. Les mariés seuls. Les mariés avec les enfants qui font de joyeuses grimaces. Les mariés avec leurs parents. Vous haïssez l'idée d'être sur la même photo que Superwoman avec sa robe rouge et sa capeline qui va occuper les trois quarts de l'image. Vous vous enfuyez. On vous rattrape. Vous aviez raison de vous méfier. Quand vous verrez les photos plus tard, vous constaterez que vous avez l'air d'une lapine effrayée à côté d'une tigresse écarlate. Vous passerez deux mois à arracher des albums de famille toutes les photos où vous êtes.

Vin d'honneur offert aux habitants du village. Pendant ce temps, des invités courent à la maison pour attaquer le buffet. Et occuper les toilettes. En longues files d'attente comme dans un avion. Contrairement à vos craintes, aucun incident n'est à déplorer. Sauf entre le père et la mère de Louis qui règlent de vieux comptes à voix basse dans un coin, en roulant des yeux terribles.

Vous avez bien fait de choisir le menu catégorie 2 car tout le monde semble l'apprécier. La cohue sous la tente est indescriptible. Le maître d'hôtel a l'air inquiet. « Elle va s'effondrer », prédit-il entre ses dents. « Il y a plus de trois cents invités, j'en suis sûr... Je ne sais pas si nous aurons assez de Blanquette de Limoux. » On verra bien. Vous êtes dans un état second. Des tas de gens que vous ne reconnaissez pas n'arrêtent pas de vous embrasser et de vous féliciter. Allons bon, les cousins basques sont là ! Vous les aviez notés comme ne venant pas ! Une énorme dame en péplum abricot bloque successivement toutes les portes avant d'aller s'installer au buffet où sa large silhouette empêche quatre personnes de s'en approcher. Personne ne sait qui c'est. Ni vous (c'est quelqu'un de la famille de Louis). Ni la mère de Louis (pas du tout, je vous assure qu'elle est de votre côté). Ni le maître d'hôtel (non, ce n'est pas une hirondelle de cocktails). L'énigme ne fut jamais résolue.

Vous surprenez un copain BCBG de Louis en train d'essuyer ses doigts pleins de crème au chocolat sur les rideaux de votre mère. Vous êtes bonne pour un deuxième lessivage général. Le curé de choc ne crache pas sur votre chère Blanquette de Limoux. Le père dominicain non plus. Personne, du reste. Une main inconnue — payée en petits fours par l'Homme, vous l'apprendrez plus tard — ouvre la cage aux colombes posée sur une table de jardin. Les encombrantes bestioles s'envolent au milieu des cris de joie et disparaissent de votre vie.

Le bruit des conversations est assourdissant.

Justine ouvre le bal avec celui que vous appellerez désormais Monsieur Gendre. L'Homme vous promet une polka piquée. C'est la seule chose qu'il sache danser et vous obtenez tous les deux un franc succès. Même si Petite Chérie vous demande avec curiosité s'il s'agit d'une sarabande d'avant Jésus-Christ.

Le groupe folklorique occitan se lance dans l'exécution d'une joyeuse bourrée. Tout en jetant sur l'assistance bourgeoise un regard las et méprisant. Mais il s'arrête très vite — Dieu merci, car le bruit des deux orchestres jouant en même temps est infernal — pour se ruer une troisième fois sur le buffet que le traiteur est venu renouveler. « Je vous avais bien dit qu'ils mangeraient comme cinq cents, vous glisse-t-il. Heureusement que j'ai l'habitude. »

La journée file à toute vitesse.

Comme dans un rêve ou une comédie américaine, Fille Aînée et Monsieur Gendre se précipitent pour se changer, attraper leurs valises et foncer à Orly prendre un avion pour les Baléares, préférées en fin de compte à Venise.

Ils sont partis.

Vous éclatez en sanglots. L'Homme pose une main tendre sur votre épaule. « C'est la fatigue ! » dit une voix idiote. « C'est la fatigue », confirmez-vous, ruisselante de larmes.

Bien que Fille Aînée se soit envolée depuis des années du nid familial, vous avez brusquement, là, aujourd'hui, l'impression qu'elle vous a vraiment quittée. Et vous êtes inconsolable. C'est bête, non ?

10

Dimanche, fin d'après-midi. Vous regardez tranquillement la télévision. Sonnerie du téléphone. Petite Chérie galope comme une jeune bufflonne pour aller répondre. Elle revient. Ce n'était qu'un fou qui hurlait des choses incompréhensibles dans l'appareil. Elle a raccroché. Le fou rappelle. Il vous réclame personnellement. Vous soupirez. Pourquoi s'acharne-t-on à vous déranger pendant les magazines d'information qui vous intéressent ?

Vous avez du mal à reconnaître la voix de Monsieur Gendre qui beugle des paroles indistinctes. Vous finissez par comprendre qu'il se trouve à la clinique d'accouchement où Fille Aînée est en train d'avoir son premier bébé. Vite ! Venez vite ! hurle Monsieur Gendre avant de raccrocher. Sans vous donner l'adresse de la maternité. Heureusement que vous aviez prévu le coup et noté tous les renseignements en gros caractères sur votre bureau. Vous n'avez même pas eu le temps d'avertir ce futur père affolé qu'hélas un premier accouchement dure généralement longtemps. Trop longtemps.

Vous enfilez votre manteau sans vous bousculer, prenez un roman policier prévu pour la circonstance et allez avertir l'Homme que vous vous absentez pour cause de naissance. Ce dernier — plongé dans ses dossiers fiscaux — a un instant d'égarement. Mais non, ce n'est pas vous qui allez avoir un enfant mais sa Fille

Aînée adorée! Hein? Quoi? Quel enfant? fait l'Homme hagard. Cela vous énerve. Déjà, pour vos accouchements à vous, il vous a fait — au moment de partir pour la clinique — le coup de la surprise totale. Mais-de-quoi-s'agit-il? Alors qu'il avait déjà décidé du prénom de son fils depuis neuf mois. (L'arrivée de Fille Aînée fut un choc.)

L'Homme réalise enfin que son premier petit-fils (ou petite-fille) va naître. Tu crois que je dois venir? demande-t-il d'un air inquiet. Sûrement pas. L'Homme ne vous a paru d'aucune utilité dans ces circonstances. Sa seule activité ayant consisté à se coucher par terre dans la salle d'attente — à la grande surprise de la sage-femme et des autres pères — et à s'y endormir profondément.

Vous recommandez à Petite Chérie de faire dîner son père. Elle proteste. Pourquoi je n'ai pas le droit de venir, moi aussi, à la clinique? Vous dites non, fermement. Son tour viendra bien assez vite.

Et vous arrivez paisiblement à la maternité.

Où vous trouvez Monsieur Gendre entouré de deux gendarmes casqués, portant fourragère et gants blancs à crispin. Monsieur Gendre se jette sur vous. Elle souffre! Elle souffre beaucoup! braille-t-il en vous secouant comme un vieux prunier, il faut faire une césarienne.

Vous tentez de calmer le malheureux. Les motards aussi. Ne vous inquiétez pas, ça va bien se passer, assurent-ils, vous pouvez nous faire confiance, on a l'habitude. La présence de ces deux représentants de la maréchaussée vous intrigue. Vous apprenez que Fille Aînée et Monsieur Gendre profitaient à la campagne d'un bel après-midi de septembre lorsque les premières douleurs s'étaient manifestées. Départ sur les chapeaux de roues. Rencontre d'embouteillages sur l'autoroute de l'Ouest. Monsieur Gendre, affolé par les gémissements de sa parturiente de femme, avait emprunté la voie réservée aux urgences et roulé à tombeau ouvert, klaxon à fond et gestes délirants à l'adresse des autres automobilistes surpris. Les deux motards avaient surgi d'on ne sait où. Compris d'un coup d'œil la situation. Et ouvert la voie à la Future Mère à coups de pin-pon. C'est ainsi que Fille Aînée était arrivée à la clinique, en cette paisible fin de journée dominicale, précédée d'une escorte officielle de deux motards en grande tenue, toutes sirènes hurlantes. Le personnel médical, affolé par ce tapage, était sorti au complet pour accueillir une Justine portée dans les bras robustes du premier gendarme tandis que le second allait ranger la voiture d'un Monsieur Gendre incapable de la parquer dans un espace assez large pour trois camions.

— Mais pourquoi être allés à la campagne si près de la date d'accouchement ? reprochez-vous à Monsieur Gendre.

— Au dernier rendez-vous, le gynéco avait juré que la naissance aurait lieu dans dix jours.

Il y a des moments où il est inopportun de dire : « J'avais raison. » Dommage. Cette histoire de date de naissance du bébé avait fait l'objet d'une discussion serrée entre Fille Aînée et vous. Elle assurant que tous les appareils ultra-modernes de la clinique prévoyaient exactement la date et l'heure de son accouchement. Vous insinuant qu'il fallait tenir compte de la pleine lune.

Fille Aînée avait ricané. La pleine lune ! Et puis quoi encore ? Noël au balcon, Pâques aux tisons. Nuages pommelés, femmes fardées ne sont pas de longue durée. Araignée du soir, espoir. Etc. Je te jure, ma pauvre maman, au temps des ordinateurs de la troisième génération, tes dictons de bonne femme, tu te les gardes dans la poche. Vous vous les êtes gardés dans la poche. Et vous triomphez en silence. Ce soir, c'est la pleine lune.

Le gynéco apparaît et s'adresse au Futur Père. Tout va très bien. La délivrance sera même plus rapide que d'habitude pour une primipare (vous avez toujours détesté ce mot affreux qui vous fait penser à un gorille femelle). Votre femme vous réclame pour assister à l'accouchement.

Vous levez un sourcil.

— Parfaitement, assure Monsieur Gendre qui semble avoir retrouvé un peu de sang-froid. Justine pense... enfin, nous pensons qu'il est important que nous vivions ensemble la naissance de notre enfant et que je dois partager cette épreuve avec elle.

Vous ne faites aucun commentaire. Encore le fossé entre générations. Pour rien au monde vous n'auriez supporté la présence de l'Homme dans ces heures où la créature magique qu'est la femme ressemble plus à une vache vêlante et meuglante qu'à la fée Mélusine. Mais vous savez que vous n'êtes pas branchée et que les jeunes pères clament désormais que rien n'est plus beau que d'assister à l'arrivée de leur petit.

Le gynéco disparaît, happé par l'infirmière affolée. Docteur ! Vite ! Un autre arrivage imprévu. Ah ! ah ! Il semble que la pleine lune ait commencé à frapper.

Les deux gendarmes sont toujours là. Faisant désormais partie de votre groupe familial. Ils expliquent que, leur service étant terminé, ils attendent la naissance de « leur » enfant pour présenter leurs félicitations à la mère. Vous conseillez à voix basse à Monsieur Gendre de les emmener à l'annexe. Quelle annexe ? balbutie le néophyte. Le café du coin, voyons ! Oui, oui, bonne idée, marmonne Monsieur Gendre qui entraîne les pandores devant un pastis réconfortant.

Vous en profitez pour aller voir Fille Aînée déjà installée sur la table de travail, au milieu d'appareils ultra-modernes et étranges qui clignotent dans tous les sens. Des électrodes sont branchées sur le front du bébé encore dans le ventre de sa mère. Vous avez l'impression d'être dans un film de science-fiction. Justine vous paraît pâle et angoissée malgré son brave sourire. Vous serrez très fort la main de votre petite fille. Elle s'accroche à vous.

— C'est bête, mais brusquement j'ai la trouille, avoue-t-elle.

176

— Ne t'en fais pas, tout va aller comme sur des roulettes, jurez-vous.

Sans préciser quelles roulettes. Pires que celles du dentiste.

— Comment ça s'est passé pour toi et moi ? demande Fille Aînée.

— Epatamment bien ! Une lettre à la poste, mentez-vous avec votre sourire le plus réconfortant.

Vous vous gardez bien de lui raconter que, lorsque vous êtes arrivée à la clinique — grâce à un chauffard de taxi terrorisé à l'idée d'une naissance dans sa voiture, l'Homme ayant été incapable, au dernier moment, de faire démarrer sa Peugeot, pourtant révisée pour la circonstance —, il n'y avait plus de place que dans le couloir. Vous y êtes restée des heures, tandis que les gens qui passaient jetaient un coup d'œil intéressé sur le travail en cours. De la sage-femme au plombier. Pour le plombier, vous êtes sûre. Il avait sa sacoche. Votre légendaire pudeur en a pris un coup. Pour la suite, toutes les mères connaissent.

— C'est maintenant que tes exercices d'accouchement sans douleur vont t'être utiles, remarquez-vous.

Vous apprenez alors que Justine ne les a pas suivis. Ça l'énervait, ce yoga bidon, ces halètements idiots.

— J'y allais décontractée et je revenais dans un état de nerfs épouvantable. Tous ces trucs ne servent à rien. Plein de copines me l'ont dit.

Au son de sa voix, vous sentez qu'en ce moment précis ces « trucs » lui semblent moins « bidons ».

— Pense simplement à bien respirer entre les contractions, recommandez-vous.

— Oui, pense à bien respirer entre les contradictions, répète Monsieur Gendre, réapparu.

Avec une assurance qui vous semble due à un double pastis avalé avec l'encouragement de la Gendarmerie nationale.

Vous vous dirigez vers la porte pour laisser Fille Aînée et Monsieur Gendre vivre en tête à tête la naissance de leur premier enfant. Vous vous heurtez à une infirmière.

— Où est la valise ? demande-t-elle à Monsieur Gendre.

— C'est que le bébé est en avance... alors on ne l'avait pas préparée... et en plus...

L'infirmière lève les bras au ciel.

— Si j'avais mis à l'amende, depuis vingt ans, toutes les femmes qui arrivent ici en se figurant que leur enfant va naître en layette blanche, je serais millionnaire !

Vous vous proposez pour foncer chez Fille Aînée rafler quelques petites chemises, brassières, culottes, etc. Plus un long tee-shirt, décoré d'un guerrier japonais furieux, en guise de chemise de nuit pour la jeune mère. Justine se refusant à porter tout article de lingerie classique. Au retour, vous lui faites remarquer que la première chose que verront les yeux tout neufs de son enfant sera le visage horriblement tourmenté d'un samouraï hurlant : « Banzaï ! » Si l'on en croit les travaux du professeur Lorenz sur les oies, cette impression restera ineffaçable, aux conséquences incalculables. Mais Fille Aînée est dans un tel état qu'elle profère des obscénités concernant le professeur Lorenz et ses oies. De toute façon, elle ne compte pas mettre au monde une oie mais un bébé.

Quand vous rentrez dans la salle d'attente, elle est bourrée de familles anxieuses (la pleine lune semble décidée à ruiner les prévisions des ordinateurs). Un père angoissé et moustachu marche de long en large. Tiens, en voilà un qui n'assiste pas à la naissance de son rejeton. Une tribu kabyle, avec grands-parents, oncles, tantes, enfants, balluchons, est accroupie par terre en train de manger des petits gâteaux — des cornes de gazelle dont vous raffolez — et de boire du thé à la menthe sorti d'un thermos. Vous en mendiez un verre. Ils vous confient que la tribu attend des triplés. Qui parle de dénatalité ?

Une mère et une belle-mère se disputent à voix basse

178

sur le nom du futur bébé. A votre grande joie, Fille Aînée a décidé que Superwoman ne viendrait à la clinique qu'après la naissance. Dolly/Marcelle a été furieuse. Mais Fille Aînée a tenu bon. C'est moi qui accouche, non ? C'est à ma mère d'être là. Et toc !

Vous allez téléphoner à l'Homme les dernières nouvelles. Fille Aînée est en plein travail, aidée par Monsieur Gendre qui lui tient la main et compte les contractions avec elle. L'Homme grogne que ce n'est pas là la place d'un homme. Accoucher est affaire de femme, conclut ce partisan du Patriarcat pur et dur. Par esprit de contradiction, vous lui déclarez avec exaltation que vous trouvez très émouvant que le papa participe à l'épreuve vécue par la Jeune Mère et que vous regrettez que lui, l'Homme de votre vie, n'ait pas assisté à la naissance de ses deux filles. Cela l'aurait aidé à comprendre la supériorité du sexe féminin dont vous êtes une farouche partisane. Votre macho personnel raccroche, furieux, en vous traitant de féministe enragée.

Les deux gendarmes sont toujours au café en train de bavarder joyeusement devant ce qui vous semble être une troisième ou quatrième tournée. Vous en offrez une cinquième.

Vous revenez à la maternité. L'attente commence à vous paraître interminable. Impossible de fixer votre attention sur votre polar où de terrifiants meurtres se succèdent en cascade. D'habitude, cela vous calme et même vous endort. Aujourd'hui, cela vous agace. Vous piétinez nerveusement dans le couloir, sans quitter du regard la porte derrière laquelle votre petite fille subit à son tour les douleurs de l'enfantement. Rien de plus terrible pour une mère que les souffrances de son enfant. Vous préféreriez vivre vous-même un troisième accouchement.

Soudain la porte s'ouvre. Vous vous élancez. Ça y est ! Le bébé est né !

Deux infirmières sortent, soutenant un Monsieur Gendre à moitié dans les pommes, la chemise déchirée, des bleus et des égratignures un peu partout. Elles le jettent comme un ballot de linge sale sur la première chaise venue.

— Il n'a pas pu supporter ! explique la première infirmière.

— Les pères, quelle plaie ! s'exclame la deuxième. Alors qu'on a d'autres chats à fouetter, il faut qu'ils se fassent remarquer.

Elles rentrent précipitamment dans la pièce d'où sort une longue plainte de Fille Aînée qui vous tord l'estomac.

Vous vous penchez sur le malheureux Futur Père. Et lui balancez une énergique paire de claques. Il revient à lui. Misérable. Effondré. Honteux. Il ne s'est pas montré à la hauteur des circonstances. Mais il n'a pas pu. Elle souffre, elle souffre tellement, sanglote-t-il. Vous ne pouvez pas savoir. Mais si, vous savez. Elle va mourir ! Mais non ! Mais non ! Vous le bercez. Vous le mouchez. Vous lui jurez de ne jamais parler à personne de sa défaillance. Pour le consoler, vous lui racontez le cas de ce célèbre boxeur qui s'était évanoui, lui aussi, en voulant filmer la naissance de son premier fils. Dans le feu de l'action, le gynéco — qui vous a raconté l'histoire — et les infirmières l'avaient simplement poussé du pied sous la table de travail. Où il était resté. Le bébé né, le corps médical s'était alors penché sur l'heureux père. Pour découvrir qu'il s'était fracturé le crâne en tombant sur le carrelage. Comme quoi être un futur papa présente des dangers insoupçonnés.

Mais pourquoi la chemise de Monsieur Gendre est-elle en lambeaux ? Et son visage, son torse et ses bras couverts de meurtrissures et d'égratignures ? S'est-il battu avec le gynécologue ou les infirmières ? Non. C'est Fille Aînée qui, à chaque contraction, s'accrochait à lui, le pinçait, le griffait, déchirait sa chemise. Et malgré cela, remarque Monsieur Gendre avec fierté, elle s'est obstinée à refuser la péridurale. Principe d'écolo.

Débarquement en force d'autres futures mères non

prévues au planning. Décidément, la pleine lune frappe dur. Les salles de travail sont pleines, les monitorings occupés jusqu'au dernier, les ordinateurs n'en peuvent plus, les infirmières galopent en tous sens. C'est : *Panique à la maternité !* On case les nouvelles arrivantes dans le couloir où elles commencent à gémir, ce qui fait sursauter Monsieur Gendre et ravive vos souvenirs. C'est fou comme rien ne change sous la pleine lune. Ne manque que le plombier. Pourquoi ?

On vous prie de vous replier dans la salle d'attente qui ressemble carrément à la gare Saint-Lazare à 7 heures du soir. Et où le spectacle de la chemise déchirée et des plaies de Monsieur Gendre fait sensation. Une dame noire ne peut se retenir de l'interroger :

— On bat les futu' pè'es, ici ?

La tribu kabyle pousse des lamentations bruyantes. Les triplés sont trois filles. Le père se bat la poitrine. Vous vous demandez si vous n'allez pas le dénoncer à Gisèle Halimi et à Benoîte Groult.

L'infirmière réapparaît et se jette sur vous.

— Ça y est ! Un beau garçon ! Venez !

— Allez-y ! dites-vous à Monsieur Gendre. A vous l'honneur de voir, le premier, votre fils.

Il se précipite comme un fou.

Votre voisin, le jeune père angoissé et moustachu, vous fait part de son mécontentement. Comment ? Le vôtre est déjà né ? Moi, je suis là depuis des heures. Bien avant vous ! Les caprices de la nature le choquent visiblement. Il doit travailler dans l'informatique.

Monsieur Gendre revient vous chercher. Illuminé de bonheur.

— Il est magnifique ! Le plus beau bébé que j'aie jamais vu.

Il n'en a apparemment jamais vu d'autres car, quand vous vous penchez sur Petit Garçon, il vous apparaît — malgré votre émotion — comme un nouveau-né parfaitement ordinaire. Une petite chose rouge au crâne chauve. Mais Fille Aînée et Monsieur Gendre le considèrent avec une fierté exaltée. (Il est tellement rouge que Joséphine croira qu'on l'a ébouillanté à sa naissance comme un homard.)

Fille Aînée étant priée de donner au plus vite sa place à une parturiente hurlante en attente, vous partez en caravane triomphante, avec Bébé Homard, vers sa chambre. Où vous trouvez une autre mère et un nouveau-né de deux heures. La jeune femme vous accueille avec des exclamations véhémentes.

— Qu'il est beau, le vôtre ! Regardez : le mien est affreux ! Et pourtant j'avais choisi un mec splendide comme père. Mais il m'a fabriqué un monstre, le salaud ! Avec son crâne aplati et ses oreilles décollées, on dirait un Martien !

Vous rassurez la mère désolée qui déclare s'appeler Zouzou. Tout va s'arranger. Dans quelques jours, elle aura, elle aussi, le plus beau bébé de la terre.

Fille Aînée s'endort, tenant la main de Monsieur Gendre qui couve femme et enfant d'un œil farouche, comme un trappeur montant la garde près de son feu de camp assiégé par les Indiens.

Vous allez au café avertir les gendarmes. Qui poussent un cri de triomphe. Leur douzième garçon. Ils demandent à le voir. Leur présence au pied du lit de Justine, saluant militairement et rendant les honneurs, crée un certain émoi dans la clinique. Vous devez être quelqu'un d'important. Peut-être même du gouvernement. Les représentants de la maréchaussée annoncent qu'ils repartent au café fêter la naissance d'un futur petit motard. Monsieur Gendre décide de les accompagner. Un remontant ne lui fera pas de mal. Vous lui rappelez de prévenir Superwoman qu'elle est une heureuse grand-mère.

Vous rentrez chez vous. Il est quand même 3 h 30 du matin, avec cette manie qu'ont les bébés de naître la nuit. Vous réveillez l'Homme pour lui annoncer, à lui aussi, qu'il est un heureux grand-père. Enfin un petit mâle dans la famille ! marmonne-t-il avant de se rendormir et de repartir vers le Walhalla des guerriers misogynes.

Le lendemain, vous passez de nombreux coups de téléphone pour prévenir la Tribu qu'un nouveau membre est né. Alléluia !

— Ah ! remarque acidement tante Madeline avant que vous ayez fini votre phrase, c'était donc bien un mariage urgent...

Vous apprendrez par la suite que Dolly/Marcelle avait débarqué en pleine nuit à la clinique pour trouver son propre fils saoul comme un Irlandais, en compagnie de deux gendarmes hilares. Elle y avait vu la preuve irréfutable de la mauvaise influence que votre famille exerçait sur son héritier.

Lorsque vous revenez les jours suivants, la chambre de Fille Aînée est toujours bourrée de monde. Tous ses copains et copines d'horizons politiques et intellectuels les plus divers s'y mêlent fraternellement. Des babacool en robe indienne, accroupis par terre, lisent dans les tarots le destin de Petit Garçon. Deux barbus assis sur le lit de la jeune mère discutent lumpenprolétariat. Un ami de Monsieur Gendre, en costume de flanelle grise, dévore en douce le déjeuner de Justine, tandis qu'elle écoute une curieuse créature, coiffée rasta, lui raconter son accouchement « sauvage » dans une piscine avec eau tiède et lumière tamisée. Cette génération n'a peur de rien. Vous auriez été, vous, terrorisée à l'idée de vous noyer avec le bébé. Petit Garçon passe de bras en bras, malgré vos protestations. Mais il pousse dru au milieu de tous les microbes, du bruit et du brouillard épais de fumée de cigarettes. Vous confortant dans l'opinion que rien n'est plus résistant qu'un nouveau-né.

Un délicieux vin rouge coule à flots, servi dans des verres à dents et offert par Zouzou. N'ayant ni mari, ni amant, ni famille, elle s'est intégrée au groupe des copains de Justine et fête à sa manière la naissance de son « affreux gniard ». Qu'elle refuse d'allaiter, à l'indignation de l'infirmière et du pédiatre appelé en renfort. Elle récuse également les examens réservés aux bébés bretons. (Dans un moment d'abandon, elle a révélé que le père du Gniard était de Quimper.) Pourtant recommandés à cause de l'hérédité alcoolique bretonne, s'est écrié le pédiatre parisien, mécontent et raciste. Si mon enfant a une hérédité alcoolique, c'est la mienne, a ricané Zouzou. Qui devient la meilleure amie de Justine. Vous croyez comprendre que le personnel de la clinique compte les jours avant le départ de ces deux-là.

Petit Garçon s'appelle désormais Sébastien. Mais vous passez un après-midi entier à chercher un prénom pour le Gniard de Zouzou. Qui opte finalement pour Simon. C'est le nom de mon coiffeur, rigole-t-elle. Superwoman qui passait par là, retour de Hong-kong et en partance pour New York, pince les lèvres. La femme de son fils a des amies impossibles. Cela ne l'étonne pas. Laisse mal augurer de l'avenir.

Vous décidez de venir à la clinique plus tardivement. Et de vous y glisser quand la foule des visiteurs est partie et le calme revenu.

Vous adorez assister à la dernière tétée, faveur exceptionnelle que vous devez probablement aux motards et à l'ambiguïté qui plane sur votre statut social.

Dans la maternité silencieuse, vous écoutez l'arrivée des bébés, de la nursery où ils ont commencé leur nuit. Dans leurs berceaux, entassés dans un immense monte-charge, c'est à celui qui s'égosillera le plus. Les miaulements affamés se précisent au fur et à mesure que l'ascenseur monte, pour devenir stridents quand il s'arrête à votre étage et que la porte s'ouvre. Justine prétend qu'elle reconnaît entre tous les piaillements rageurs de Petit Garçon. Vous faites semblant de la croire.

La porte de la chambre s'ouvre brutalement. L'infirmière — pressée d'attraper son dernier train de banlieue — entre, tenant deux marmots, lance Petit Garçon dans les bras de Fille Aînée et court porter l'autre à sa mère dans la pièce voisine. Justine dégrafe la chemise de nuit spéciale pour allaitement que vous avez achetée quasiment de force. Le bébé se jette sur son sein. Vous regardez cette « maternité », pour vous plus belle que toutes les peintures flamandes réunies. Petit Garçon tète avec extase. Justine sourit, radieuse. Quel joli moment !

Cependant, quelque chose que vous n'arrivez pas à préciser vous chiffonne.

Fille Aînée remarque, un peu endormie :

— Tu as remarqué ? Ses cheveux ont drôlement poussé aujourd'hui.

C'est ça ! Ce bébé a un duvet noir alors que Petit Garçon, deux heures auparavant, était chauve comme une boule de billard.

Justine pousse un hurlement qui réveille Zouzou endormie.

— Ce n'est pas mon bébé !

Elle l'arrache de son sein et regarde, égarée, autour d'elle, comme si elle voulait le jeter dans la corbeille à papiers. Vous bondissez sur la sonnette et carillonnez l'infirmière. Qui paraît indignée par tout ce tintamarre.

— Ce n'est pas MON bébé ! On m'a volé MON bébé ! hurle Justine.

— Ce n'est pas NOTRE bébé ! clamez-vous en écho.

Le nouveau-né inconnu, brutalement privé de lait maternel (et qui n'avait pas remarqué le moins du monde qu'il s'agissait d'un sein étranger), pousse des braillements aigus de protestation. Zouzou se mêle au tapage.

L'infirmière se jette sur le bracelet en toile que porte au poignet l'enfançon noiraud. Merde ! s'exclame-t-elle, et, sans autre commentaire, elle s'empare du bébé étranger, encore une goutte de lait de Fille Aînée aux lèvres, et fonce dans la chambre d'à côté. D'où s'élèvent les cris d'une femme à qui l'on arrache, sans explication, la chair de sa chair.

L'infirmière revient, portant Petit Garçon, l'air épa-

185

noui d'avoir goûté à un lait exotique. Sans rancune, il se jette sur le sein de sa vraie mère.

L'infirmière est effondrée. Elle risque le renvoi et vous fait jurer de ne jamais révéler son erreur à personne.

Vous jurez. Mais Fille Aînée, mal remise de son émotion, déshabille entièrement son fils et l'examine minutieusement. Oui, c'est bien lui, elle reconnaît ce petit grain de beauté, là, sur la fesse droite. Si, si, elle est sûre ! Allons, tant mieux !

Quelquefois, il vous arrive de songer que, si les bébés n'avaient pas porté de bracelet au poignet, personne n'aurait jamais pu prouver la substitution. Petit Garçon aurait grandi dans votre blonde tribu avec des cheveux noirs crépus et des yeux de braise. Tante Madeline aurait attribué ces traits étrangers à une grand-mère de l'Autre Famille. Et par plaisanterie, dans les réunions de Clan, on aurait appelé Petit Garçon l'Enfant du Facteur, en regardant Justine par en dessous.

Vous, c'est Petit Garçon que vous regardez parfois par en dessous. Et si quelqu'un s'était trompé de bracelet dans cette panique de la nuit de la pleine lune ?

11

Vous prévenez Fille Aînée. Rentrer chez soi, avec un nouveau-né, après un accouchement et seulement cinq jours de clinique, c'est dur. Vous proposez une aide. Mais Justine refuse avec hauteur. Elle se débrouillera parfaitement toute seule. Les femmes africaines reprennent bien leurs travaux des champs deux heures après la naissance de leur bébé. Vous faites remarquer à Fille Aînée qu'elle n'est pas une femme africaine et qu'elle ne soupçonne pas à quel point sa vie va être changée par Petit Garçon. Pas du tout, assure-t-elle. Elle a décidé d'abandonner momentanément sa carrière de photographe pour se consacrer à son enfant. Elle est et sera une mère responsable à 120 %. Vous la félicitez. Vous sentez que, si vous hasardez une phrase du style : « Tu fais ce que tu veux, bien sûr, je ne te conseille surtout pas, mais... », Fille Aînée vous mordra. Car Justine n'est plus une gamine s'adressant à une adulte mais une mère parlant à une autre mère.

Sous prétexte d'apporter la balance pour peser Petit Garçon, vous rendez visite à cette nouvelle personne.

Le deux-pièces a gardé le style personnel du loft-teinturerie. Nombreux matelas par terre, étoffes indiennes, plantes vertes, tube de dentifrice géant, etc. De vieux journaux tiennent lieu de paillasson. L'apparition de Petit Garçon ne se traduit que par la présence d'un cageot verni blanc où s'entasse sa layette, d'une planche dans la cuisine réservée à ses biberons, d'une bassine en plastique en guise de baignoire et d'un couffin où il dort un peu partout.

Fille Aînée a refusé avec horreur le landau Bonnichon que vous vouliez lui offrir.

— Tu me vois promenant Sébastien au square, les après-midi, dans un LANDAU ? a-t-elle ricané. Non, je l'emmènerai partout dans un sac contre moi, comme une femme africaine. Du reste, si les bébés noirs sont tellement beaux et gais, c'est qu'ils vivent dans la chaleur du corps de leur mère.

Vous commencez à en avoir par-dessus la tête des femmes africaines. Mais vous vous bornez à proposer timidement :

— Quand ton bébé blanc sera devenu trop lourd et que tu voudras une poussette, tu me le diras.

Fille Aînée vous fait comprendre que toute la « camelote » dont vous avez entouré vos propres enfants est parfaitement démodée. Démodés le lit laqué blanc, l'armoire assortie, la baignoire pliante, etc. Non, non. Aux bébés modernes un couffin pour dormir, un sac style poche de kangourou pour se promener, un cageot pour ranger les vêtements, et roule, petit.

Dix jours plus tard. 2 h 15 du matin. Sonnerie qui vous réveille en sursaut. Vous sautez hors du lit et vous courez vers le téléphone en vous cognant dans tous les meubles. Une catastrophe ! Il est arrivé une catastrophe ! Non pas à l'Homme qui ronfle tranquillement, la bouche ouverte. Ni à Joséphine qui dort, elle aussi, dans sa chambre. Du moins, vous l'espérez. Ce ne peut être que votre mère transportée en pleine nuit à l'hôpital. Ou un drame chez Fille Aînée.

C'est un drame chez Fille Aînée.

Sa voix est chargée de terreur :

— Maman ! Il va mourir !

— Qui ça ? criez-vous.

— Le bébé !

— Mon Dieu ! Qu'est-il arrivé ?

— Il fait des gargouillements épouvantables…, des grimaces affreuses… Il tord ses mains et sa tête dans tous les sens…, comme un épileptique.

— As-tu appelé le pédiatre ?

— Ce salaud est sur répondeur jusqu'à 6 h 30.

— Est-ce qu'il a de la fièvre ?

— Comment veux-tu que je le sache ?

— En prenant sa température !

— A un bébé si petit ? Je n'ose pas…, il va gigoter…, se casser le thermomètre dans le…

— Tu lui tiens les pattes en l'air comme un lapin au marché.

— Maman, j'ai peur ! Les bruits qu'il fait…, on dirait des râles !

— Ne perds pas ton sang-froid, j'arrive !

Vous rentrez comme une folle dans votre chambre où vous arrachez de l'armoire une vieille cape noire — très à la mode il y a dix ans — que vous jetez sur votre chemise de nuit.

— … que tu fais ? demande l'Homme dans son sommeil.

— Je vais chez Justine. Petit Garçon est malade.

— Tu veux que je t'emmène en voiture ? propose-t-il avec gentillesse en se rendormant immédiatement.

Vous n'avez pas le temps de le réveiller et de l'habiller. Ni le courage de descendre chercher la voiture au cinquième sous-sol du parking sombre et désert à cette heure tardive. Vous appelez un taxi. Qui vous demande avec méfiance ce que vous allez faire à l'autre bout de Paris, en pleine nuit, en chemise de nuit et cape noire. Vous lui jurez que vous n'êtes pas échappée de Sainte-Anne et que vous avez de l'argent pour le payer.

Vous trouvez Fille Aînée et Monsieur Gendre assis tous les deux, tout nus, sur leur matelas par terre, regardant avec effroi Petit Garçon dans son couffin qui, en effet, gargouille, fait des grimaces monstrueuses en tordant étrangement sa bouche et agite ses petits bras et jambes en une bizarre gymnastique. Mais son teint est rose, son front et son cou sont bien frais, et il a une odeur délicieuse. Pas la moindre trace de bave épileptique ou de fièvre brûlante.

— Il n'a rien, ce bébé, assurez-vous, il rêve tout simplement.

— En somme, j'ai l'air d'une conne, constate Justine, furieuse.

Non. Elle a l'air tout simplement de ce qu'elle est : une jeune mère terrorisée. Vous lui racontez que, lorsqu'elle était petite, vous viviez dans la crainte permanente qu'elle ne meure étouffée par ses couvertures et que vous veniez dix fois par nuit écouter son souffle léger.

— Justine fait la même chose, révèle Monsieur Gendre. Je n'arrive plus à dormir.

— C'est terrifiant un nouveau-né, avoue Justine. On a l'impression que, si on le perd de vue, il va mourir.

Vous la rassurez. Un nouveau-né est diablement plus résistant que ça. Quelquefois même moins fragile que sa mère. Sur ces bonnes paroles, Monsieur Gendre vous reconduit chez vous dans votre cape noire et votre chemise de nuit.

— C'était grave ? demande l'Homme d'une voix pâteuse, du fond de son sommeil.

Il se rendort sans attendre la réponse, son inconscient lui ayant justement fait remarquer que, si la situation avait présenté un caractère dramatique, vous l'auriez réveillé en lui arrachant ses couvertures.

Avant de replonger dans le sommeil à votre tour, vous songez avec amour à Fille Aînée qui vient de découvrir un sentiment qui ne la lâchera plus jamais : l'anxiété maternelle.

Pourquoi mon bébé crie-t-il ? Il n'a pas fini son biberon, est-ce inquiétant ? Au secours, il est tombé de sa chaise, sur le carrelage de la cuisine ! Vite, une radio du crâne à l'hôpital ! Allons bon, il a la colique — un sale rhume — une otite — la rougeole — la varicelle — les oreillons — la scarlatine (ne rien rayer). Et les dents en avant. Madame, il doit porter un appareil pour les redresser pendant plusieurs années, oui, c'est ça, plusieurs années ! Penser à vérifier sa vue. Comment ça, tu n'entends rien au fond de la classe ? Madame, cet enfant ne travaille pas bien en classe. Il est dissipé, paresseux, dyslexique. Voir les professeurs, le psychologue, l'orthophoniste. Faire faire un Q.I. Des pieds plats ? Personne n'a jamais eu les pieds plats dans la famille. Je ne retrouve plus le carnet de santé : est-ce que les vaccinations sont à jour ? Si. Non. D'accord, mon chéri, pour que tu ailles désormais à l'école tout seul comme tes copains, mais, je t'en prie, ne traverse le boulevard qu'au feu vert et en regardant de tous les côtés. Et ne suis personne, tu m'entends, qui t'offre des bonbons ou te demande de chercher son petit chat avec lui. Allô, maman, Sébastien n'est pas chez toi ? Il a deux heures de retard. Je sais, il doit jouer chez un ami mais... Comment ? Encore des vacances scolaires ? C'est tout le temps que ça revient. Non, je ne sais pas encore ce que tu vas faire. Si tu ne passes pas ton bac, comment tu gagneras ta vie, plus tard, hein ? Et ton copain, Charles, il a une drôle de tête : il ne se drogue pas par hasard ? Etc., etc., etc., etc., etc., etc., etc., etc., etc., etc., etc.

En attendant, Fille Aînée fut si vexée que vous n'entendez plus jamais parler des problèmes de santé de Petit Garçon. Même pendant les déjeuners du dimanche où le bébé, dans son couffin, fait l'objet de l'admiration générale. Ni pendant les longs bavardages téléphoniques entre Fille Aînée et vous. Bavardages qui exaspèrent Monsieur Gendre, vous le sentez. Bien que vous évitiez soigneusement d'appeler aux heures où il est là.

— Mais qu'est-ce que tu peux bien trouver à dire à ta mère pendant des heures ? demande-t-il agressivement à Fille Aînée.

— C'est toujours ce que je me demande quand j'ai raccroché, répond Justine, narquoise.

— Je suis sûre que tu lui fais des confidences sur nous et j'ai horreur de ça.

— Pas du tout. Je te le jure.

Fille Aînée a raison de jurer. Les seules discussions conjugales dont l'écho parvient jusqu'à vous concernent les difficultés financières du jeune couple. Le 15 du mois, plus de sous. Justine et Monsieur Gendre entament alors le régime jambon-nouilles-et-nouilles-jambon. Agrémenté d'un peu de compote pomme-ananas chipée à Petit Garçon. Et commencent à chasser la menue monnaie dans toutes les cachettes possibles. Mais se pose inéluctablement la question : à qui emprunter de quoi payer la note de gaz et les biftecks hachés de leur enfant ? A Superwoman ?

— Jamais ! crie Justine, ta mère serait trop contente. Elle me déteste, je le sais. Je vais demander à la mienne.

— Pas question, répond furieusement Monsieur Gendre, ta mère à toi me tient pour un minable incapable de gagner notre vie à tous les trois.

Le ménage tombe d'accord sur un compromis. Monsieur Gendre tapera sa mère du 20 au 25 et la remboursera avec l'argent que vous emprunte Justine du 25 au 30. Et qu'elle vous rend religieusement quand Monsieur Gendre touche son salaire de l'agence de voyages où il travaille. Ce tourniquet financier fonctionne tous les mois à la satisfaction générale.

A part ce léger détail, commun, hélas, à beaucoup de jeunes couples, le soleil continue à briller sur la vie de votre bien-aimée Fille Aînée avec laquelle vous entretenez désormais — est-ce le mariage bourgeois ou la naissance d'un enfant ? — des rapports délicieux.

Puis, un jour, sa voix suraiguë de colère vous vrille le tympan au téléphone.

— Le salaud ! L'enfant de salaud ! Je le hais !

Après un instant de surprise, vous comprenez qu'il s'agit de Monsieur Gendre.

Qui est rentré chez sa mère.

Parfaitement.

Rentré chez Dolly/Marcelle.

— Jamais je ne lui pardonnerai ! clame Justine sans écouter vos questions. Jamais. Qu'ils crèvent, lui et sa maman !

Il vous faut un long moment pour démêler l'écheveau des événements.

Comme dans la majorité des cas, la dispute conjugale avait éclaté pour un motif futile. Justine avait ouvert, pour le dîner, une boîte de conserve dont l'étiquette s'était décollée. A son avis, du cassoulet. Il apparut que c'était de la choucroute. Or, Monsieur Gendre déteste la choucroute. Il le fit remarquer sèchement. Justine répondit non moins sèchement qu'il n'avait qu'à ouvrir lui-même ses boîtes de conserve et que la vie comportait des choses plus importantes que le cassoulet-choucroute quotidien. Le ton monta. Monsieur Gendre se vit reprocher son habitude exaspérante de remettre les allumettes brûlées dans la boîte et d'avoir une mère qui débarquait sans prévenir et culpabilisait Fille Aînée en lavant ostensiblement la vaisselle qui traînait, avec ses mains blanches aux ongles magnifiquement manucurés. Justine fut accusée à son tour de ranger le camembert dans le frigo, de ne pas savoir cuisiner « une bouffe convenable », de laisser le linge sale par terre dans la salle de bains, bref, d'être une fille trop gâtée par sa mère. (Monsieur Gendre se vengeait lâchement de vos coups de téléphone trop fréquents.)

— D'accord, avait crié Justine, je suis nulle comme maîtresse de maison. Mais tu avais vécu avec moi avant de m'épouser, non ? Alors inutile de jouer le grand air de la surprise. Ni d'insinuer que ta garce de mère à toi sait tout faire à la fois. Si tu savais ce qu'elle m'emmerde, celle-là, avec son air de penser des trucs sans les dire.

— Mais tu es bien contente que sa femme de ménage vienne faire ton repassage toutes les semaines.

Cette dernière remarque (vraie) était un coup bas. Qui mit Fille Aînée dans une colère folle. Elle traita

Monsieur Gendre de pauvre loque, de gros tas de guimauve, puis de conard laqué (?). Monsieur Gendre répondit qu'il vivait dans un camping, sur un tas d'ordures.

Le sang de Justine ne fit qu'un tour.

— Si tu n'es pas content, mon petit bonhomme, casse-toi chez ta maman.

— Parfait, dit Monsieur Gendre.

Il prit sa veste et claqua la porte.

Fille Aînée, hors d'elle, attrapa le cageot contenant les chemises et les caleçons du père de son enfant et le retourna par la fenêtre. Puis, pour faire bonne mesure, fit de même avec le contenu de la poubelle au moment où Monsieur Gendre passait. Ce dernier salua ironiquement, une épluchure de carotte sur la tête, ramassa ses chemises et ses caleçons parmi les détritus et disparut en direction du domicile maternel.

Justine hurla à la mort et, dans un geste digne d'une tragédie antique, jeta son alliance par la fenêtre. Puis descendit, vêtue d'un tee-shirt et d'une petite culotte, la récupérer à quatre pattes et en larmes dans le caniveau.

On en était là, à 8 h 30 du matin. Le monstre n'avait pas réapparu. Même pas téléphoné pour demander pardon.

— Ce fumier est au chaud chez sa maman, hoqueta Fille Aînée, ivre de douleur et de rage mélangées. Qu'est-ce qu'elle doit être contente, cette salope, d'avoir récupéré son fils adoré ! Et moi, je craque complètement.

Elle éclata en sanglots.

— Ce n'est rien, mon trésor. Juste la première dispute. J'arrive, dites-vous tendrement mais avec un pincement au cœur en songeant au travail urgent qui vous attend sur votre machine à écrire.

Quand Fille Aînée vous ouvre la porte, votre cœur saigne en voyant sa pauvre figure gonflée et rouge comme une pastèque. Elle tient dans ses bras Petit Garçon qui braille pour bien marquer sa désapprobation de la situation. Une pagaille insensée règne alentour.

Vous serrez Fille Aînée et Petit Garçon — qui ne sent pas très bon — contre votre large sein maternel et, espérez-vous, réconfortant. Vous chantonnez des paroles apaisantes à vos chéris. Tout va s'arranger, promettez-vous. Petit Garçon se met à gazouiller en essayant d'arracher vos lunettes. Les sanglots de Justine s'apaisent. Le pire, avoue-t-elle d'une petite voix, c'est que j'aime ce salaud.

Heureusement.

Vous résistez, bien sûr, à la tentation de stigmatiser la lâche disparition de l'époux de votre fille. Les surprises de l'amour vous sont connues. Ces deux-là s'adorent, vont se réconcilier et la moindre de vos paroles critiques sera rapportée à Monsieur Gendre. *Ma mère a dit que.* C'est ainsi que débutent d'éternelles haines familiales. De plus, votre rôle n'est pas de jeter de l'huile sur le feu. Mais d'essayer de trouver les bases d'une paix honorable avec le peu de diplomatie que vous possédez. Cependant, dans le secret de votre cœur, vous trouvez que Monsieur Gendre a tort de rentrer chez sa maman au moindre orage. D'abord, qu'est-ce que c'est que cette nouvelle mode ? De votre temps, c'étaient les femmes qui retournaient chez leur mère.

— Tu comprends, gémit Justine, je n'en peux plus de m'occuper toute la journée de bouillies, de couches Câline, de linge à laver, de vaisselle. Je ne me sens plus une femme mais une société de services. Ensuite, depuis la naissance du bébé, Louis ne m'aide plus à la maison. Sous prétexte qu'il rentre crevé le soir de son boulot. On est repartis dans le vieux schéma. L'homme qui gagne la vie du ménage à l'extérieur. Et moi, je suis Bobonne. Je ne supporte pas. Je ne suis pas faite pour être une femme au foyer : maniaque, chipoteuse, enquiquineuse.

Vous ne vous attardez pas à une vibrante défense de la Femme au Foyer. Qui n'est pas forcément maniaque, chipoteuse, enquiquineuse, merci, ma chérie ! Vous savez que Fille Aînée adorée est une intellectuelle de choc, une *Pasionaria,* une bohème pas toujours douée pour le quotidien. Qu'il faut raccommoder avec un mari catégorie Père Tranquille. Pas facile de terminer une grève, a dit quelqu'un. Et une bagarre conjugale, donc ! Aucune faculté n'enseigne l'art de se disputer dans un couple ni surtout celui de se réconcilier. Serait pourtant plus utile que d'apprendre la psychologie des gorilles ou les mœurs tribales des Yamamonis de l'Amazonie.

— Ton mari a certainement des défauts, mais peut-être... (là, vous y allez sur la pointe des pieds) as-tu eu tort de le traiter de... conard laqué (?)...

Fille Aînée concède que le mot avait dépassé sa pensée.

— En fin de compte, c'est toi qui l'as flanqué dehors, remarquez-vous doucement, tout doucement.

Justine acquiesce dans un sanglot déchirant.

Vous vous regardez en silence.

— Peut-être devrais-tu faire le premier pas ? suggérez-vous avec précaution, connaissant la fierté ombrageuse de votre Fille Aînée bien-aimée.

— Jamais je ne lui téléphonerai chez sa mère, hurle-t-elle. Cette pute serait capable de me raccrocher au nez !

— Et à son bureau ?

— Je vais réfléchir, vous accorde Justine.

Vous discutez ensuite sur l'opportunité de faire ce premier pas dès le premier jour. Ce qui pourrait être considéré par l'adversaire comme un encouragement à recommencer dans l'avenir à galoper chez Dolly/Marcelle au moindre incident. Ne serait-il pas plus judicieux de laisser le coupable mariner deux ou trois jours dans un silence offensé ?

Fille Aînée se rallie à cette solution.

Monsieur Gendre sera donc châtié en restant quarante-huit heures sans nouvelles de sa femme et de son fils.

En attendant, Justine retourne en reniflant à ses occupations maternelles, particulièrement le changement urgent de la couche de Petit Garçon, peut-être à-petit-élastique-froncé-là, mais de plus en plus malodorante.

Vous rentrez chez vous en courant. Vous tapez comme une sourde le reste de la journée sur votre machine à écrire. Et le soir, la dernière feuille arrachée à votre rouleau, vous téléphonez à votre pauvre colombe abandonnée.

— Allô! répond la voix radieuse de Monsieur Gendre. Comment allez-vous, chère Belle-Maman?

Vous réussissez, par un effort inouï, à ne pas montrer votre stupéfaction de constater que Monsieur Gendre a déjà réintégré le domicile conjugal et en manifeste un bonheur éclatant. Vous grillez littéralement de curiosité. Mais la voix lointaine de Fille Aînée vous fait comprendre que ce n'est pas le moment de poser des questions. Je te rappelle un de ces jours, ajoute-t-elle très vite, comme si vous ne vous étiez pas vues depuis des années.

Le lendemain, dès le départ de Monsieur Gendre, vous apprenez la vérité.

Justine, incapable d'attendre deux jours le retour du misérable, avait chargé Petit Garçon dans son sac à dos et s'était installée sur le trottoir, devant la vitrine de l'agence de voyages où officie Monsieur Gendre. Celui-ci, au milieu d'une conversation avec un couple qui voulait partir pour l'Egypte mais être assuré de n'y rencontrer ni amibes ni voleurs, avait levé la tête et aperçu le tableau bouleversant de sa femme ruisselante de larmes et de son bébé assis par terre comme des mendiants yougoslaves. Il avait planté là le couple égyptophile, était sorti en trombe et, sous les yeux de tout le personnel de l'agence, directeur et clients compris, avait embrassé follement Fille Aînée en implorant son pardon pour sa honteuse conduite. De son côté, Justine clamait qu'elle était seule coupable et réclamait sa propre absolution. Les deux amants terri-

bles sanglotaient. Le personnel de l'agence Trans-
monde aussi. Même le directeur en avait eu les larmes
aux yeux. Seul Petit Garçon avait gardé son calme et
crié Popo en apercevant son père.

Pour célébrer la réconciliation, vous offrez à Fille
Aînée quatre heures de baby-sitting par jour afin de la
soulager un peu de ses tâches ménagères et lui permettre de se remettre à travailler à temps partiel. Vous
avez toujours été une adepte farouche du travail à
temps partiel pour les femmes et vous n'avez jamais
compris l'opposition des syndicats à cette solution,
épatante à votre avis. Peut-être l'explication vient-elle
du fait que M. Krasucki n'a jamais été une mère de
famille.

Quant au baby-sitter, il faillit causer la mort par
infarctus de tante Madeline.

Celle-ci, douée d'une fabuleuse curiosité, supérieure
même à la vôtre, était démangée par l'envie de voir
comment se débrouillait sa jeune nièce dans la vie. Elle
tricota donc un très vilain chandail en laine verte pour
Petit Garçon et débarqua, sans crier gare, chez Fille
Aînée, au milieu de l'après-midi.

Un colosse noir lui ouvrit la porte.

Tante Madeline fit un saut en arrière.

— Justine n'est pas là ? bégaya-t-elle, terrorisée.

Elle avait certainement dérangé un cambrioleur en
pleine activité.

— Elle ne va pas tarder, répondit paisiblement le
sosie de Cassius Clay. Vous pouvez l'attendre, si vous
voulez, pendant que je donne son yaourt à Sébastien.

— Son quoi ? balbutia tante Madeline.

— Son yaourt et son petit biscuit de 4 heures. Je suis
Traoré, le baby-sitter sénégalais de Justine, répondit
gaiement l'Africain.

Tante Madeline s'effondra par terre, sur un coussin
indien. Et regarda, les yeux exorbités, la bouche
ouverte, Traoré saisir Petit Garçon dans ses immenses
bras noirs et lui donner délicatement la becquée. Petit
Garçon glougloutait de bonheur. Tante Madeline était

tellement traumatisée qu'elle fut incapable de prononcer la moindre parole pendant sept minutes. Un record. Son affolement était si visible que le géant sénégalais crut bon de la rassurer. Il était étudiant. Et, pour se faire un peu d'argent de poche, gardait Petit Garçon l'après-midi. Il ne dédaignait pas non plus de passer de temps à autre l'aspirateur et de recoudre les boutons de chemise de Monsieur Gendre. Tante Madeline l'écoutait de plus en plus égarée. Traoré l'assura que, chez lui, on ne mangeait plus les enfants blancs depuis longtemps.

— Mais, murmura faiblement tante Madeline, ce n'est pas parce que vous êtes… heu… noir… mais un homme ! Est-ce que vous savez vraiment vous occuper de bébés ?

— Je suis en première année de médecine, déclara joyeusement le gaillard, et je garde également une petite fille qui a l'air très contente.

Justine rentra à cet instant. Embrassa tante Madeline. La remercia pour le chandail vert (qui ferait un très bon chiffon à chaussures). Posa deux baisers sonores sur les joues de Traoré, qui filait chez son autre bébé.

— Ne sois pas en retard, demain, lui recommanda-t-elle, j'ai un mariage dans le XIVe. Allez ! salut, négro !

— Salut, ô abominable femme blanche, répondit joyeusement le baby-sitter de Petit Garçon en enfilant un casque de moto et en dévalant l'escalier.

Tante Madeline n'avait pas retrouvé ses esprits, une heure plus tard, quand elle téléphona à l'Homme, à son bureau.

— J'espère que tu sais ce qui se passe chez ta fille ? dit-elle d'un ton dramatique.

L'Homme était en train de signer son courrier.

— Non, fit-il, inquiet.

— Est-ce que tu as vu qui pouponne ton petit-fils ?

— Heu… non ! répondit l'Homme qui laissait résolument ces problèmes d'intendance aux femmes de la tribu.

— Un balayeur noir !

— Un quoi ?

— Un balayeur noir qui tutoie et embrasse ta fille.

— Tu dis n'importe quoi, assura fort peu respectueusement l'Homme.

— Demande à ta femme, insinua venimeusement tante Madeline qui raccrocha.

L'Homme fit impérieusement signe à sa secrétaire de sortir de son bureau (du coup, elle resta à écouter, l'oreille collée contre la porte). Et vous appela à votre tour.

Vous décrochez le téléphone sans méfiance d'une main, tout en continuant à taper de l'autre.

— Je voudrais bien savoir, rugit l'Homme dans votre oreille, pourquoi diable est-ce un balayeur noir qui pouponne mon petit-fils ?

Il vous fallut un quart d'heure pour expliquer la situation à l'Homme. Il finit par admettre qu'un futur pédiatre sénégalais était la personne la plus indiquée pour s'occuper d'un petit garçon, fût-il le descendant mâle de l'Homme. Mais pourquoi ce professeur de médecine en herbe s'amusait-il également à passer l'aspirateur et à recoudre les boutons ? Parce que, observez-vous perfidement, les hommes *maintenant* n'avaient plus honte d'assumer les corvées domestiques. Votre époux, se sentant sur un terrain miné, changea de sujet. A quel titre, au nom du ciel, Justine tutoyait-elle, embrassait-elle son baby-sitter ? Il ne tutoyait pas, lui, ni n'embrassait M. Gazier, son chef du personnel. Vous exposez à l'Homme qu'il s'agit là d'un phénomène typique de civilisation. Les jeunes se tutoient et s'embrassent dès qu'ils ont le même âge, même s'ils ne se connaissent pas ou peu, sans se soucier des luttes de classes ou autres balivernes racistes.

L'Homme ne parut pas convaincu mais se tut.

Il ne fit aucun commentaire non plus quand, aux vacances d'été où vous aimez réunir toute votre famille dans la maison du Lot, Fille Aînée vous demanda d'amener Traoré pour veiller sur Petit Garçon. Elle en profiterait pour s'éclipser quelques jours avec Monsieur Gendre en voyage d'amoureux. L'étudiant africain était ravi à la perspective de découvrir la campagne française.

L'arrivée du colosse noir ne passa pas inaperçue dans votre village. D'autant plus que Traoré adorait jouer de la flûte. Il partit pour de longues balades sur le causse, pipeau au bec et Petit Garçon dans son sac à dos.

— Les Parisiens ont amené un roi nègre pour garder leur petit-fils, commentèrent les voisins.

Cela ne les étonna pas outre mesure de la part de ces *estrangers* de la capitale que vous êtes.

12

Plusieurs fois par an, l'Homme décide d'inviter en grande pompe des clients étrangers à dîner chez vous. Vous détestez. Vous suggérez plutôt Maxim's ou les Bateaux-Mouches. Bien plus amusant pour eux, non ? Et pour vous donc ! Mais l'Homme prétend que ses clients étrangers adorent être conviés dans une maison bien française. Vous devez donc procéder au nettoyage complet de la maison bien française en question. Traquer sa poussière. Frotter l'argenterie. Relaver la vaisselle — votre machine à laver ayant une fâcheuse tendance à laisser des traces blanchâtres sur les verres. Faire faire des heures supplémentaires à votre chère Lucinda pour nettoyer les vitres. Louer un appareil spécial afin de rendre la moquette plus propre que le jour où on l'a posée. Ranger-ranger-ranger. Et, enfin, préparer le dîner. Ou plutôt, comme vous êtes une piètre cuisinière, commander sournoisement le repas à un traiteur. Laissant l'Homme croire que c'est vous qui présidez à ces sublimes rôtis en croûte et à ces délicieux sorbets à la poire. Non. Vous, ce sont les pample-mousses avec une cerise dessus ou les melons au porto.

Vous voilà donc, à la fin d'un de ces dîners rituels, en train de servir un verre d'alcool de prune bien français à M. et Mme Kunming Liao, Chinois de Taiwan, en vous battant les flancs pour soutenir une conversation animée en anglais, que vous parlez mal, avec des gens qui ne le parlent pas mieux. Mais n'arrêtent pas de s'incliner en souriant à la moindre de vos paroles — sans que vous puissiez affirmer qu'ils comprennent quelque chose à votre jargon. Quand vous êtes interrompue par des coups de sonnette répétés à la porte d'entrée.

— Qui peut carillonner ainsi à minuit ? demande l'Homme en regardant sa montre d'un geste théâtral.

— Probablement des jeunes qui vont à la soirée du cinquième et se trompent d'étage, comme souvent.

Non.

Quand vous regardez par l'œilleton de la porte avant d'ouvrir — avec cette montée de la criminalité, sait-on jamais qui l'on trouve sur son paillasson ? —, vous êtes épouvantée par ce que vous apercevez.

Fille Aînée portant Petit Garçon dans son sac à dos et entourée d'un monceau de valises, paquets, sacs en plastique, etc. Plus deux cageots de vêtements et une poussette.

Vous ouvrez la porte, affolée.

— Je divorce ! annonce Fille Aînée, d'un ton dramatique. Est-ce que je peux venir habiter à la maison quelques jours avec Sébastien, le temps de me retourner ?

— Bien sûr, ma chérie, tu es ici chez toi ! répondez-vous du même ton dramatique.

Et vous l'aidez à rentrer son déménagement dans l'entrée.

Sans se douter du drame familial qui se joue à quelques mètres d'eux, les Chinois continuent à pousser des petits éclats de rire dans votre salon. Vous faites une courte apparition pour assurer vos hôtes que vous allez revenir — ils s'inclinent en souriant — et vous redisparaissez comme un diable dans sa boîte, laissant l'Homme perplexe. Il vient voir ce qui se passe. Vous lui expliquez que vous n'avez pas le temps de le lui expliquer : drame-Fille-Aînée-divorce-retour-au-foyer-on-verra-plus-clair-demain. Vous le renvoyez à ses Chinois. Très mécontent. TA fille aurait pu choisir un autre jour pour divorcer.

Vous réveillez Joséphine qui vous aide à déplier hâtivement le lit de secours de Petit Garçon, à mettre des draps à celui de Fille Aînée dans votre bureau, à transporter votre table de travail et vos papiers dans le salon, en lançant de grands sourires niais aux Asiatiques qui continuent à s'incliner aimablement, sans manifester la moindre surprise devant votre étrange conduite. Finalement, ils escaladent le déménagement de Justine qui a envahi votre appartement, vous disent au revoir, ainsi qu'à Joséphine en chemise de nuit, avec un dernier gloussement poli. Rentrent à Taiwan en affirmant que toutes les familles françaises devraient être enfermées dans des asiles psychiatriques.

L'Homme, furieux de l'échec de son dîner, va se coucher. Le retour de sa Fille Aînée et de son petit-fils sous son toit ne lui arrache aucun nouveau commentaire, sinon qu'il ne veut pas se mêler d' « histoires de bonnes femmes ». Vous renvoyez à son lit Joséphine qui, dévorée de curiosité, essaie de s'incruster.

Et vous vous asseyez sur le divan à côté de Justine, dans votre bureau redevenu sa chambre de jeune fille.

Fille Aînée n'attend que ça pour vider son cœur.

Oui, elle divorce ! Plutôt quatre fois qu'une ! Monsieur Gendre, sous des dehors qu'elle veut bien qualifier d'agréables — mais trompeurs —, est un monstre, un malade mental, un névrosé, un schizo, un parano.

Et allez donc !

Mais encore ?

Justine vous le révèle : Monsieur Gendre est fou de jalousie, dévoré de jalousie, obsédé de jalousie.

Là, vous en restez baba. Monsieur Gendre, d'apparence si calme et affable, un Othello ?

A moins que Justine… ?

— Tu es à côté de la plaque, comme d'habitude (merci), s'exclame impétueusement Fille Aînée.

Non. Ce n'est pas d'un homme en particulier que Monsieur Gendre prend ombrage. Mais de tous et de tout.

— Il a une nature possessive démentielle, vous

apprend Justine. Il ne supporte ni toi ni nos bavardages au téléphone (ça, vous l'aviez senti), ni mes copines, ni mes copains, ni personne. Si Zouzou s'attarde à dîner, il fait la gueule. Si, l'heure tournant, elle reste dormir, ça le rend dingue.

Les conversations, même à voix basse, des amis refaisant le monde jusqu'à l'aube sur les matelas par terre l'exaspèrent. Enjamber le matin, avant de partir travailler, des corps enroulés dans des sacs de couchage et endormis sur le sol jusque dans sa cuisine, provoque chez lui des grognements haineux. Bref, Monsieur Gendre voudrait vivre dans une maison toute à lui et regarder le soir la télé avec sa femme. Et se coucher de bonne heure. Justine est une Fille de la Nuit et elle a épousé un Homme du Matin. Elle se veut une jeune femme moderne, libérée et féministe : elle découvre un sournois macho. Fille Aînée aime être entourée d'une bande de copains-copines. Monsieur Gendre les redoute et les déteste.

Le drame avait éclaté quand, rentrant du bureau à 19 h 30, particulièrement énervé par une bande de touristes désirant découvrir une île assez déserte pour qu'aucune revue parlant de la famille de Monaco n'y parvienne, Monsieur Gendre avait trouvé chez lui, écroulé au milieu des coussins indiens et de ses appareils de photo, Boris, le spécialiste des mariages de banlieue avec lequel Justine travaillait. Plus deux copines qui traînaient par là. L'une d'elles donnait son riz au lait à Petit Garçon. L'autre téléphonait. Justine rigolait.

Malheureusement, ce charmant tableau n'eut aucun effet apaisant sur les nerfs de Monsieur Gendre. Au cri de : « J'en ai marre de vos sales gueules », il bondit arracher les fils du téléphone, coupant net une conversation passionnante sur les derniers horoscopes d'une certaine Madame Rosie. Jeta l'appareil dans l'aquarium, à la grande surprise du poisson rouge. Arracha le riz au lait de Petit Garçon des mains d'Alice, la plus vieille amie de Justine, et commença à donner des coups de pied dans les appareils de photo de Boris, le copain photographe.

Tandis que les deux filles s'esquivaient illico presto, Justine planquait le riz au lait de Petit Garçon en hurlant des injures au père de son enfant. Et le prénommé Boris se mettait en devoir de défendre ses outils de travail. Les deux hommes s'empoignèrent. Monsieur Gendre, hors de lui, arracha, d'un coup de dent, un bout d'oreille au photographe des mariages banlieusards. Couinant de douleur, le malheureux, le visage ensanglanté, tenant son bout d'oreille à la main (Dieu merci, Monsieur Gendre ne l'avait pas avalé), disparut vers un hôpital, abandonnant ses appareils à la fureur de l'époux de Justine, qui les piétinait en barrissant comme un éléphant enragé.

Restèrent face à face Fille Aînée et l'homme qu'elle avait épousé par un beau jour d'avril.

— Assassin ! hurla-t-elle. Ordure !

— Salope ! répondit sauvagement Monsieur Gendre.

Et il se rua sur elle.

Craignant pour ses propres oreilles, Justine courut se réfugier dans la cuisine où elle jeta à la tête de Monsieur Gendre tout ce qui lui tombait sous la main, y compris un saladier de fromage blanc battu, préparé pour le dîner.

Mais Monsieur Gendre, malgré le fromage blanc qui l'aveuglait à moitié, avançait toujours, mains étrangleuses tendues vers le cou de sa femme. Fille Aînée réussit à lui échapper et fonça dans la chambre où, dans un corps à corps acharné (Lui essayant de gifler Elle, qui lui filait des coups de pied dans les tibias), les combattants réussirent à casser une superbe lampe/ cadeau de mariage. Ce qui provoqua un court-circuit et le noir le plus complet. Justine en profita pour courir s'enfermer dans la salle de bains. Monsieur Gendre défonça la porte à l'aide d'un poivrier géant en bois, cadeau de mariage des cousins basques. Petit Garçon, médusé par le comportement étrange de ses parents et l'obscurité totale, ne disait rien, tranquille sur sa chaise.

La voix de Justine s'éleva dans le noir.

— J'ai un couteau à la main. Si tu avances d'un pas, je te le plonge dans le cœur !

Il y eut un silence intense. Un de ces moments où tout peut basculer dans la folie. Mais, par miracle, Monsieur Gendre récupéra une lueur de sang-froid.

— Tu ferais mieux de le planter dans ton cœur à toi, dit-il froidement, ça ferait une emmerdeuse de moins.

Puis, toujours à tâtons, il sortit de l'appartement et s'enfuit dans la nuit.

Justine trouva un briquet, une bougie, l'alluma, fit ses bagages et ceux de Petit Garçon et quitta l'appartement conjugal.

— A jamais, vous assure-t-elle, livide. Tu comprends qu'après ça le divorce s'impose. Je ne veux plus vivre le reste de ma vie avec un fou dangereux.

Non, bien sûr. De toute façon, votre cœur de mère bat automatiquement pour la défense de Fille Aînée adorée, orgueil-de-votre-vie. Cependant, une voix intérieure vous murmure qu'un divorce n'est pas une affaire à décider sur un coup de tête. Ou après un coup de dent.

D'autre part, vous ressentez de l'affection pour Monsieur Gendre qui, à votre avis, a bien réussi son insertion dans votre redoutable tribu. Une belle-mère sait ce qu'elle tient comme gendre mais ignore ce qu'elle risque d'avoir. Un gendre en main vaut parfois mieux que deux tu l'auras, etc.

Cependant, vous embrassez Fille Aînée en l'assurant du soutien inconditionnel des siens dans cette épreuve.

Demain est un autre jour.

Avant de vous coucher, vous faites le tour de votre famille. Petit Garçon — dont vous poussez le lit pliant dans votre salon — respire paisiblement, un coin de couche dans la bouche. Petite Chérie s'est assoupie, en laissant allumée, comme tous les soirs, la lumière au-dessus du lavabo. Vous l'éteignez après avoir enjambé une palanquée de vêtements empilés par terre.

Exceptionnellement, l'Homme ne dort pas.

— Alors, qu'est-ce qu'elle a encore fait comme connerie ?

Voilà une chose qui vous énerve chez l'Homme. Il est amoureux fou de ses filles. Ce qui ne l'empêche pas de les critiquer sans cesse, avec la plus grande mauvaise foi. Vous ne pouvez vous empêcher de le lui faire remarquer.

— Justine a toujours adoré les psychodrames, grogne-t-il.

Cette réflexion met le comble à votre exaspération. Votre enfant souffre. Elle a besoin d'amour, pas d'un jugement de Ponce Pilate.

— Boh ! l'amour…, fait d'un ton méprisant l'Homme qui adore vous provoquer, une invention des magazines féminins !

Vous voilà partis tous les deux pour une belle scène de ménage. Ou plutôt vous avez attrapé celle de Justine et de Monsieur Gendre. Il y a longtemps que vous avez remarqué que les disputes conjugales se transmettent de couple en couple, comme un ballon de football ou un virus de grippe.

Après avoir échangé quelques insultes et deux ou trois coups de pied sournois sous les draps, vous finissez par vous endormir, votre époux et vous, en vous tournant le dos.

Le lendemain, vous vous retrouvez avec une grande malade. Une accidentée du cœur.

Fille Aînée reste au lit sans bouger, sans parler, sans pleurer. Raide et blanche comme une gisante de pierre. Elle refuse même, d'un imperceptible mouvement de tête, les petits plateaux que vous lui portez. Ce silence vous impressionne à tel point, ainsi que l'Homme et Joséphine, que vous marchez tous sur la pointe des pieds et chuchotez à voix basse, comme dans les couloirs du service de réanimation de l'hôpital de Garches.

Ce qui ne vous empêche pas d'avoir fort à faire. Vous occuper entièrement de Petit Garçon. Re-transporter vos papiers/dossiers/machine à écrire/etc. dans votre chambre, le salon étant devenu le domaine de Petit Garçon. Planifier les bains de la famille car le vieux ballon d'eau chaude donne des signes d'épuisement (c'est bien le moment). Faire des rondes pour vérifier l'état de santé de Fille Aînée. Etc.

Trois jours passent.

Justine n'a pas esquissé le moindre mouvement.

Vous croyez deviner ce qu'elle attend, murée dans son silence. Un coup de téléphone du coupable demandant pardon. Ou, mieux, une visite du monstre, tenant sa tête sur un plateau comme saint Jean-Baptiste.

Mais Monsieur Gendre s'est, semble-t-il, dissous dans l'atmosphère. A moins qu'il ne se soit engagé dans la Légion étrangère.

Au bout de trois jours, Fille Aînée sort brusquement de son mutisme douloureux. Elle saisit le téléphone. S'enroule autour.

Et appelle toutes ses copines.

Qui poussent un seul cri :

DIVORCE.

Justine monopolisant l'appareil des P.T.T., le drame éclate du côté de Petite Chérie.

— Elle pourrait l'utiliser pendant la journée et me le laisser le soir, rouspète votre cadette, j'habite ici, moi aussi, tout de même ! Mais alors, ça, personne ne s'en occupe !

Vous lui faites remarquer qu'entre ses copines à elle et celles de Fille Aînée, vos amies à vous trouvent votre ligne perpétuellement occupée. Même à 11 heures du soir. Elles signalent furieusement au service des réclamations que votre numéro est en dérangement. Se lassent. Vous oublient. C'est ainsi que vous perdez de vue deux ou trois vieilles compagnes de classe.

Puis la bande à Justine débarqua. Enfin, les filles. L'une d'elles arriva même en tenue complète de motarde avec casque intégral et chien, lui-même casqué. Votre Roquefort, terrorisé par cet étrange mutant canin, courut se réfugier sous votre canapé en hurlant à la mort.

Alice, Zouzou, Marie et les autres s'accroupirent sur le lit de Fille Aînée et se mirent à chuchoter jusqu'à des heures avancées de la nuit. Vous entendez, au passage, des éclats de voix de Justine : « J'assume l'entière responsabilité de l'échec de mon mariage... » « ... refuser le schéma du couple ancien... » « ... cohabitation impossible avec un homme... » « ... quotidien tue-l'amour... »

Les jeunes femmes que vous entrevoyez vous stupéfient. Belles, élégantes, assurées, joyeuses, elles paraissent assumer boulot et enfants avec une facilité déconcertante. Mais ce qui vous surprend le plus, c'est qu'elles semblent vivre sans homme.

— Tu as raison, vous dit votre amie Catherine à qui vous réussissez à parler à 11 h 30 du soir, après avoir dérobé le téléphone à la vigilance de Justine et Joséphine réunies. Ce sont des extra-terrestres. Elles habitent seules ou entre copines, avec leur progéniture. Elles font des carrières éblouissantes qui les passionnent. Et considèrent les hommes comme des amants provisoires, parfois même des casse-croûte.

— Des quoi ?

— Des casse-croûte ! Des hommes pour la nuit. Elles ont pris des mentalités de mecs. Il paraît même que certaines se passent très bien pendant des années de relations amoureuses.

Vous tombez à la renverse.

Mais Fille Aînée vous le confirme. Du reste, elle va rejoindre cette communauté spirituelle, s'installer dans un grand *appart* avec deux copines et un troupeau d'enfants. Son mariage a été une erreur. Plutôt la solitude sentimentale qu'un mauvais compagnon, non ? Elle vous regarde agressivement. Oui, oui, bien sûr, ma chérie, tu as raison ! crânez-vous. Vous ne lui avouez pas que, vous, vous êtes du genre : plutôt un bruit de clé dans la serrure qu'un silence total. Mais vous appartenez à une très vieille civilisation : celle du couple traditionnel. Du reste, Fille Aînée ne vous l'envoie pas dire :

— Je te le répète : tu t'es toujours laissé beaucoup trop faire par papa.

Vous approuvez vigoureusement.

— Papa est un macho.

Oui. Oui. Oui ! Le malheur a voulu que vous aimiez ce macho et que vous y teniez toujours.

— C'est dingue de penser que tu n'as jamais changé de bonhomme en plus de vingt ans ! s'exclame Justine. Tu es anormale…

— Certainement. J'ai une nature fidèle.

— Je parie qu'il ne t'a pas vraiment rendue heureuse physiquement.

Discuter de votre sexualité avec votre fille n'entre pas dans vos habitudes. Mais, là, vous ne pouvez vous empêcher de réagir. L'honneur de l'Homme est en cause.

— Mais si, bien sûr !

Votre indignation est telle que Justine vous regarde avec stupeur. Visiblement, elle n'arrive pas à vous croire.

— L'amour physique n'est pas une invention de votre génération, faites-vous remarquer plaintivement.

Justine l'admet du bout des lèvres.

— Tu ne me feras pas croire qu'il n'a jamais eu de maîtresse.

— Pose-lui la question.

Ce qu'elle fait.

— Est-ce que tu as trompé maman ? demande Fille Aînée à son père suspendu aux lèvres de Bernard Pivot pendant un *Apostrophes* particulièrement animé.

— Hein ? Quoi ? sursaute l'Homme qui roule des yeux ronds… Heu… mais non, voyons, tu dérailles… Et puis ce ne sont pas tes affaires !

— Toutes les histoires entre hommes et femmes sont mes affaires, affirme superbement Justine. Les bonshommes sont de tels salauds. Je sais. J'ai donné.

L'Homme hausse les épaules sans répondre, tout à son Pivot.

Vous décidez de commencer à faire campagne pour Monsieur Gendre.

— Ton mari a ses défauts, mais il a ses qualités, chuchotez-vous avec la prudence du serpent.

— On voit bien que ce n'est pas toi qui subis des scènes d'une violence inouïe.

— Bof! dites-vous gaiement. Moi aussi, je me suis battue avec ton père quand j'étais plus jeune... enfin, beaucoup plus jeune.

Justine vous dévisage, sidérée.

— Tu veux dire battue *physiquement*?

— Bien sûr! Un jour, je lui ai cassé un parapluie sur la tête. Il m'avait donné une claque. Une autre fois, un bon coup de genou là où tu penses. Il est resté deux jours couché!

— Ben dis donc, c'était pas triste, votre vie! s'exclame Petite Chérie qui écoutait en douce.

Vos deux filles vous contemplent avec une admiration nouvelle.

— Et qu'est-ce que papa avait fait?

— Je ne me rappelle plus très bien. La cour à une espèce de pouffiasse qui battait des cils comme une poupée idiote, je crois.

— Raconte encore, demande Petite Chérie avec passion, t'as souvent battu papa?

— Mais non, voyons! Cependant, ça fait du bien de temps en temps de se bagarrer. Ah! je me souviens également de lui avoir écrasé des éclairs au chocolat sur la figure dans un cocktail très élégant, à cause d'une chipie à qui il parlait comme si je n'étais pas là. Cela a fait un scandale épouvantable!

— Ça alors! Tu étais jalouse comme une panthère, s'écrie Fille Aînée avec l'étonnement d'une ethnologue découvrant les mœurs des femmes papoues.

— Je le suis toujours! Je crois que la jalousie va de pair avec l'amour. C'est pour cela que je pense que ton mari t'adore et que tu devrais t'expliquer avec lui...

— Jamais! dit fermement Justine. Cette ordure

ambulante, ce taré n'a même pas téléphoné pour avoir des nouvelles de son fils.

— Peut-être a-t-il essayé, mais le téléphone n'est jamais libre, ici, rappelez-vous amèrement.

— Il pouvait écrire. Ou faire un geste. Non, c'est cuit. Camille, ma copine avocate, va s'occuper des papiers de divorce. On peut se séparer maintenant en six mois.

— Oui, à l'amiable. Pour cela, il faudra que vous en discutiez ensemble.

— Il sera sûrement d'accord. La dernière parole qu'il m'a criée à travers la porte, c'était : « Et maintenant, si tu ne crèves pas, je reviens t'achever ! »

En silence, vous convenez que Monsieur Gendre possède un certain courage. Personne n'a jamais osé traiter Fille Aînée sur ce ton.

— Si les menaces échangées dans une dispute conjugale se réalisaient, la guerre atomique aurait déjà eu lieu depuis longtemps.

— J'en ai rien à foutre. Je ne veux plus vivre avec un fou maniaque qui bouffe les oreilles de mes copains et a failli m'assassiner.

— Et ton fils ! Comment vas-tu l'élever ?

— Seule. Et très bien. Je vais me remettre à travailler à temps complet.

— Il grandira sans son père.

— Pas du tout. Je suis pour la garde conjointe. Une semaine chez l'un, une semaine chez l'autre.

— C'est ça qui est équilibrant pour un enfant !

— Ça vaut mieux que de voir ses parents se battre comme des sauvages.

Vous comprenez qu'il est judicieux de procéder à une retraite élastique.

Et de réattaquer dans une autre direction. Le lendemain, vous téléphonez à l'Autre Mère, celle de Monsieur Gendre.

Qui le prend de haut.

Vous vous y attendiez.

Aussi, c'est avec l'âme de Vercingétorix jetant ses

armes aux pieds de César que vous avez décidé cette démarche.

— Je crois que nos enfants traversent une crise, entamez-vous (vous avez eu du mal à trouver cette phrase et vous l'avez même écrite sur un papier posé devant vous).

— Oui, répond Superwoman, avec un laconisme peu encourageant.

— Peut-être pourrions-nous essayer d'arranger les choses ?

— Je crois qu'il faut laisser les jeunes se débrouiller entre eux, coupe-t-elle froidement.

Et vlan ! prends ça dans les dents ! Elle a raison, la garce. En principe. Mais, stoïque comme une statue de l'île de Pâques, vous continuez à lire votre papier :

— Vous savez bien, chère amie (tu parles !), qu'a-près une dispute personne ne veut faire le premier pas. Par orgueil. Et nous risquons une catastrophe que tout le monde regrettera ensuite.

Ouf ! vous avez terminé votre plaidoirie embrouillée.

Un long silence prouve que l'argument a touché la partie adverse. Malgré sa passion dévorante pour son fils et son antipathie pour Fille Aînée, Dolly/Marcelle ne désire pas plus que vous le divorce.

— Justine ne possède pas un caractère facile, remarque-t-elle enfin, vipérine.

— Louis a aussi ses défauts, insinuez-vous, non moins perfidement.

Superwoman ne semble pas avoir envie d'entendre énumérer ceux de son propre rejeton. Ni qu'on lui rappelle qu'il mange les oreilles des photographes qui s'aventurent imprudemment chez lui. Vous tentez un deuxième assaut :

— Je crois inutile de disserter sur les torts des uns et des autres (prends ça dans les dents à ton tour !). Mais nous pouvons peut-être tenter quelque chose pour que ces deux-là se réconcilient, si c'est possible...

Dolly/Marcelle est plus coriace que vous.

— Mon fils est complètement traumatisé, déclare-t-elle avec hauteur. Néanmoins, je vais tâter le terrain pour savoir s'il désire revoir votre fille (elle n'a pas dit « votre salope de fille » mais vous l'avez entendu). Je ne vous cacherai pas que, pour l'instant, il ne semble pas le souhaiter.

— Justine non plus (il y a des limites à votre patience). Mais je suis persuadée qu'au fond ils s'aiment toujours et que...

— Excusez-moi, on m'appelle de l'étranger, vous coupe Superwoman, d'un ton sec et snob de femme d'affaires internationale.

Crac, elle vous raccroche au nez.

Si vous la teniez entre vos ongles écaillés par la machine à écrire (et non superbement manucurés comme les siens), vous laboureriez son visage d'égratignures profondes et sanglantes. Cette pécore vous a bien fait comprendre que vous n'étiez qu'une pauvre mère idiote. Vous vous reprochez violemment votre démarche. Si jamais Fille Aînée l'apprend, vous êtes bonne pour des représailles.

Vous vous en voulez toujours, deux heures plus tard, lorsque vous sortez en trombe de l'épicerie du coin où vous avez acheté des œufs pour le dîner de Petit Garçon.

En rentrant chez vous, toujours au galop, vous vous cognez à un clochard — comme on en voit tellement maintenant, hélas, dans les rues de Paris —, assis misérablement devant votre porte cochère. Mais, sur la pancarte posée devant lui, habituellement rédigée : « Je n'ai pas mangé, donnez-moi 1 F », il y a écrit : « Justine, reviens, je t'aime. »

C'est Monsieur Gendre. Pas rasé, sale, débraillé, défait.

De saisissement, vous laissez tomber votre cabas. Petit Garçon aura une omelette au lieu d'œufs à la coque.

— Que faites-vous là, dans cet état ? demandez-vous bêtement.

— Je ne sais pas, murmure Monsieur Gendre dans un souffle, je ne sais pas quoi faire...

Et il éclate en sanglots.

La concierge, qui passe la tête à sa fenêtre, vous regarde avec surprise, vous, votre omelette, le clochard en larmes (elle ne reconnaît pas non plus l'ex-brillant mari de Fille Aînée).

— Ne restons pas là, dites-vous précipitamment. Allons au café.

Où vous commandez un double cognac et un sandwich pour l'ombre de Monsieur Gendre.

— Comment sortir de ce merdier ? gémit-il, totalement dépressif.

— En vous lavant. En réclamant de voir votre fils. En vous jetant aux pieds de Justine. Au fond d'elle-même, elle n'attend que cela.

Vous n'en êtes pas si sûre. Mais Monsieur Gendre vous embrasse comme si vous étiez l'apparition de la Sainte Vierge. Il pique autant qu'un hérisson et ne sent pas la lavande.

A votre retour, vous annoncez à Fille Aînée que vous avez cru apercevoir le fantôme de son mari rôdant dans la rue. Vous ne faites pas allusion au fait qu'il ressemble à une épave de l'Armée du Salut.

— Je lui interdis de venir dans mon quartier ! crie impétueusement Justine.

— C'est aussi celui de sa mère et tu ne peux pas empêcher ton mari d'avoir envie de voir son fils, répondez-vous fermement.

Fille Aînée le reconnaît. Bon. Que Monsieur Gendre vienne samedi à 10 heures du matin. Petit Garçon lui sera livré tout propre avec poussette, couches de rechange et petits pots. Elle-même, Justine, ne désirant aucun contact avec la Bête, ne sera pas là. Mais sa mère (vous) lui remettra l'enfant. Qui devra être ramené en bon état de marche, avec poussette et reste des couches et des petits pots, le soir à 18 heures.

Le samedi matin, à 9 heures, on sonne à la porte.

Vous criez à Justine d'aller ouvrir. Le courrier probablement.

Non. Un splendide bouquet de lilas blancs et de tulipes rouges apporté par un livreur haletant d'avoir dû monter par l'escalier le fabuleux buisson qui n'entrait pas dans l'ascenseur. Avec un mot de Monsieur Gendre.

Fille Aînée en reste clouée. Vous poussez des cris admiratifs. Jamais vu d'aussi belles fleurs ! Ni autant ! Magnifiques ! Superbes ! Royales !

— C'est toi qui as manigancé ça, accuse Justine.

— Jamais de la vie, mentez-vous avec allégresse.

Vous ne mentez pas vraiment. Vous aviez dit : un petit bouquet. Pas un arbre entier et le parterre autour.

— Si ce rusé salaud croit qu'il va arranger les bidons avec trois lilas et deux tulipes, il se trompe drôlement, dit Justine.

Mais vous notez dans sa voix une certaine douceur.

Naturellement, Fille Aînée refuse de vous montrer le message accompagnant les fleurs. Naturellement, vous allez le lire pendant qu'elle est sous sa douche. « Je te déteste mais je ne peux pas me passer de toi », a écrit Monsieur Gendre.

Quand il se présente à 10 h 01, Justine demeure enfermée dans sa chambre. Obstinément. Ah ! elle a bien hérité de votre caractère de bourrique béarnaise. Monsieur Gendre, rasé de frais, tout propre, fleurant l'Eau Sauvage de Dior, a l'air déçu. Vous lui faites un clin d'œil. Ne vous découragez pas, mon vieux.

— Je ramènerai Sébastien à 6 heures, proclame Monsieur Gendre à voix très haute.

Et il s'en va tristement avec Petit Garçon.

— En tout cas, moi je n'y serai pas, dit Justine, sortant comme une diablesse de sa chambre.

— Tu feras bien d'y être ! criez-vous avec votre grosse voix de mère grondeuse, parce que, MOI, j'ai d'autres chats à fouetter que d'être là à 6 heures, et que c'est à TOI de t'occuper de ton fils et de tes propres affaires. Permets-moi de te dire que tu agis comme une dégonflée qui n'affronte pas ses difficultés.

— Moi, une dégonflée ?

Vous êtes ravie. Vous savez que c'est l'injure suprême pour Fille Aînée. Déjà, quand elle était petite, au cri de : « Moi, pas cap ? » elle sautait du toit. Et se cassait les deux astragales.

Donc, à 6 heures, vous buvez un thé au café de la place. En compagnie de l'Homme et de Petite Chérie, mécontents. Qu'est-ce qu'on fout ici ? Pas de protestations, s'il vous plaît. Dieu sait que cela vous coûte un effort inouï de ne pas être une petite souris assistant à la scène qui va se dérouler chez vous.

Monsieur Gendre sonne à 6 h 01 avec Petit Garçon et ses impedimenta. Fille Aînée ouvre la porte. Salue froidement. S'avance pour prendre son fils. Mais Monsieur Gendre lui tend à la place un cadeau.

— Pour toi !

— Merci, dit Justine, glaciale comme un iceberg, mais ça ne sert à rien.

Elle ouvre néanmoins le paquet. Ne peut retenir un cri de joie. Les boucles d'oreilles dont elle rêvait.

— Tu es une emmerdeuse mais je t'aime, remarque Monsieur Gendre avec ferveur.

— Moi aussi, je t'aime, soupire Fille Aînée qui commence à s'attendrir.

Elle se reprend :

— Mais tu es vraiment trop jaloux et violent. On ne peut plus vivre ensemble !

— On ne peut pas se séparer comme ça, tout de même ! plaide Monsieur Gendre.

— Je ne suis pas encore prête à adresser la parole à un type qui bouffe les oreilles de mes copains, répond Fille Aînée avec dignité.

Monsieur Gendre craque. Il flanque Petit Garçon dans les bras de sa mère. Dévale votre escalier. Puis le remonte. Et resonne. Fille Aînée rouvre la porte (elle était restée collée derrière).

— J'ai oublié de te rendre la poussette.

(Très bon, le coup de la poussette « oubliée » au rez-de-chaussée.)

La discussion reprend.

Monsieur Gendre veut se justifier. Justine l'insulte. Ces deux-là vident leur sac sur le palier — au grand intérêt des voisins. Ils finissent par convenir qu'ils ne sont pas faits l'un pour l'autre. Pendant ce temps, Petit Garçon crapahute dans l'entrée et dépiaute avec ravissement les baleines de vos parapluies.

Monsieur Gendre crie brusquement : « Merde après tout ! » et redévale l'escalier.

Le remonte. Resonne encore.

Justine rouvre. Cette fois, une larme a coulé sur sa joue.

— Je n'ai plus un rond... Tout dépensé pour tes saloperies de fleurs et de cadeau... Peux-tu me prêter un ticket de métro ? demande Monsieur Gendre.

Fille Aînée éclate de rire. Les amants terribles se jettent dans les bras l'un de l'autre.

Une heure plus tard, vous les voyez surgir, enlacés, au café où vous n'en pouvez plus d'attendre devant votre thé froid. L'Homme a lu trois fois *Le Monde* et Petite Chérie sait par cœur la moitié de *La Légende des siècles* de Victor Hugo.

— Moi aussi, je te connais, ricane Fille Aînée, je savais très bien que tu t'étais cachée, avec les autres, au bistrot.

— Mes enfants, dites-vous tendrement, je tiens à vous dire que je suis très heureuse.

— Tu seras moins heureuse quand tu m'auras entendue, fait Justine, narquoise.

Allons bon ! Qu'est-ce que ces deux-là ont encore inventé ?

— On voudrait partir à Honfleur pour nous retrouver un peu tout seuls. Est-ce que tu peux nous prêter des sous et garder Petit Garçon pendant le week-end ?

Aïe ! Vous êtes justement invités ce soir au théâtre. Et Joséphine à une soirée.

Justine et Monsieur Gendre vous regardent avec une

telle anxiété que vous ne vous sentez pas le courage de les décevoir. Tant pis pour les Variétés. Vous resterez à la maison à faire la baby-sitter.

Neuf mois plus tard, ce fut la naissance de Jolie Princesse.

Pour cet accouchement-là, personne ne vous a prévenue, *avant*. Vous avez simplement reçu, *après,* un coup de fil décontracté de Monsieur Gendre. Belle-Maman, vous avez une petite-fille ! Oui, oui, ça s'est bien passé, sans problèmes… !
La routine, quoi !

13

Dès la naissance de Petit Garçon, vous aviez prévenu Fille Aînée : qu'elle ne compte pas sur vous pour être une grand-mère de rêve. Vous lui aviez énuméré toutes vos bonnes raisons qui se résumaient à une seule : *pas-le-temps*.

Vous aviez déjà du mal à jongler avec vos horaires entre un mari qui désirait vous avoir toute à lui quand il rentrait de son bureau, une fille adolescente qui aimait bavarder avec vous quand elle revenait de l'école, un chien dont l'obsession était de se promener inlassablement en votre compagnie, un travail qui vous occupait l'esprit une bonne partie de la journée et souvent de la nuit. Plus la course-aux-courses, la lutte permanente contre le désordre familial, la guerre à la poussière, la préparation implacable des repas, le paiement sans repos des factures. Etc. Bref, vos huit bras étaient occupés en permanence comme ceux du dieu Shiva. Il vous en manquait deux pour bercer un nouveau-né. Sauf en cas de problème grave, bien sûr. En cas de problème grave, vous seriez là, aviez-vous assuré d'un ton solennel. Le reste du temps, que personne n'espère vous transformer en Mamie-Confiture.

De plus, vous avouez que vous aimeriez passer quelques années de votre vie à ne plus vous colleter avec des problèmes d'enfants. Vous en avez élevé une (Fille Aînée). Vous finissez d'élever la seconde (Petite Chérie). Vous rêvez d'avoir un peu de temps rien qu'à vous pour, dans le désordre : visiter la Chine, apprendre à reconnaître les plantes et les oiseaux, écouter de la musique classique, tirer à la carabine chez Gastine-Reinette, écrire vos Mémoires (tout le monde le fait bien), faire partie de S.O.S.-Amitié, prendre le thé tous les jours à 5 heures, comme la Marquise, suivre des cours de secourisme, d'arabe, de taille d'arbres fruitiers. Bref, vous bourdonnez de projets jusqu'à l'an 3000.

En plus, vous avez toujours éprouvé la pénible impression de ne pas être une Mère Parfaite. Si, si. On vous l'a fait assez comprendre. Vous serez, c'est évident, une grand-mère pleine de défauts. Inutile d'essayer.

Fille Aînée avait écouté votre discours d'un air offensé. Mais je ne te demande rien. J'assumerai mes enfants, seule. De toute façon, je désire les élever à ma manière et non à la tienne (ça voulait dire quoi, ça ?). J'ai toujours su que je ne pouvais pas compter sur toi qui es débordée depuis que je te connais (et toc !).

Bien.

Vous devez reconnaître que les choses ont fonctionné parfaitement pendant des années. Justine se débrouillait avec Petit Garçon puis Jolie Princesse, aidée de baby-sitters diverses. Des échos vous parvenaient parfois de ses démêlés avec les remplaçantes du cher Traoré. La jeune Anglaise qui vivait avec un walkman sur la tête et n'entendait ni les cris des enfants ni la sonnerie de la porte d'entrée (Fille Aînée dut un jour attendre une heure, assise sur son paillasson de journaux). Puis une Américaine qui téléphonait sans cesse à son boy-friend à Cincinnati (Ohio) et faillit ruiner les finances déjà précaires de Justine. L'Allemande qui suivit accepta, ô merveille, de laver et repasser le linge familial. Malheureusement, il s'agissait d'une folle, atteinte du complexe de Lady Macbeth. La machine à laver ronronnait sans cesse.

— Je ne te parle pas de mes notes d'électricité, avoua Fille Aînée sombrement. Je n'ose rien laisser tomber par terre : elle se rue dessus pour le nettoyer immédiatement.

En un mois, tous les vêtements de la famille — chandails, chaussettes, chemisiers, même les pantalons de Monsieur Gendre — avaient rétréci de moitié. Fille Aînée dut rhabiller entièrement son petit monde et renvoyer l'obsédée teutonne. Débarqua une ravissante Autrichienne avec quarante-cinq valises et un panier de pommes vertes qui dévalèrent l'escalier. Monsieur Gendre attrapa un tour de reins en soulevant une cantine de vêtements. La jeune personne resta trois jours, le temps de se rendre compte que Fille Aînée habitait loin de Saint-Germain-des-Prés et comptait sur elle pour rester de temps à autre, le soir, à la maison. Le quatrième jour, vous l'avez aperçue, par hasard, dans une Rolls blanche, avec un émir.

Vous devez à la vérité que, malgré ces mésaventures, jamais Fille Aînée ne vous demanda de la dépanner (exception faite du fameux week-end à Honfleur). Vous continuez à voir régulièrement vos petits-enfants le dimanche et pendant les vacances, solidement enca- drés par leurs parents. Tout vous semblait parfait.

Jusqu'au jour où Fille Aînée vous fait une scène terrible au téléphone.

Vous apprenez, sans précautions superflues, que vous êtes une grand-mère indigne. Que ce sera de votre faute si vos petits-enfants, traumatisés par l'absence d'une aïeule attentive, fuguent, volent et se droguent plus tard. Que vous — partisane des valeurs tradition- nelles —, vous devriez avoir honte de ne pas raconter de contes de fées à la veillée, ni de chanter de vieilles chansons françaises, ni d'être capable de soigner une indigestion avec une bonne tisane.

Devant ce flot de reproches, vous tentez de vous défendre. D'abord, vous ignorez avec quelle bonne tisane soigner les indigestions. Et, surtout, comment intégrer dans votre existence deux petits-enfants, alors que vous vivez déjà à cent à l'heure ? Justement, dit Fille Aînée impitoyable, à ton âge tu devrais commencer à te calmer. Vous sautez en l'air. Quel âge ? Vous n'avez quand même pas été cantinière à Waterloo. Vous êtes encore la mère d'une jeune adolescente qui... Il serait temps que tu lui lâches les baskets à celle-là, coupe Fille Aînée, déchaînée. Et mon travail ? plaidez-vous en dernier ressort.

Votre travail, Fille Aînée s'en fout. Comme tout le monde. Car vous avez le tort d'œuvrer chez vous. Et vous avez remarqué depuis longtemps que cela ne vous attire aucune considération dans votre petite famille. C'est comme si vous vous livriez à un passe-temps futile, en douce, dans la journée. Vous avez même songé à louer un bureau dans un autre quartier pour que l'on vous prenne enfin au sérieux.

Mais Fille Aînée n'écoute pas vos remarques plaintives. Elle a découvert, elle, que les enfants mangent à heures fixes, réclament inlassablement l'attention de leurs parents, doivent être gardés le soir et le week-end, sortent tôt de la maternelle, sont tout le temps en vacances. Bref, qu'ils sucent le sang et le temps d'une femme. Qui aurait bien besoin d'une aide.

D'une grand-mère.

Vous êtes coupable d'abandon de poste.

Et l'Autre, ripostez-vous, Superwoman ? Qui n'a ni mari, ni fille adolescente, ni amant connu. Ferait une parfaite Mamie-Confiture, celle-là, non ? Elle travaille encore plus que toi, révèle Justine avec rancune. Et puis ce n'est pas MA mère.

Quand vous raccrochez, vous êtes furieuse.

Fille Aînée a réussi à vous culpabiliser.

Une fois de plus.

Vous avez vécu, pendant des années, avec l'impression honteuse d'arracher le temps de votre travail de la bouche de vos chères petites. Et, maintenant que vous êtes sur le point d'atteindre au Temps Libre/Terre Promise, voilà que, bing ! un nouveau sentiment de culpabilité vous frappe au cœur.

Vous faites part à vos amies de votre trouble.

Sophie : Ne te laisse pas faire ! Tu vas être dévorée par les petits monstres avant d'avoir eu le temps de dire ouf !

Catherine : Nos filles, qui n'avaient qu'un désir : nous quitter et vivre loin de nous en toute indépendance, n'ont maintenant qu'une idée fixe : nous apporter leurs chatons dans leurs couffins, le plus souvent possible.

Bettina : L'année dernière, aux grandes vacances, j'ai pris les deux bébés de mon fils aîné avec une baby-sitter anglaise. Qui s'est sauvée immédiatement. Les petits ont eu la rougeole. Quand mon fils et sa femme sont rentrés tout bronzés de la Guadeloupe, je ne tenais plus debout. J'ai été heureuse de retrouver mon usine.

Victoire : Ils te piquent tes bagues, les flanquent dans les w.-c. et tirent la chasse d'eau. Et si tu leur flanques une fessée, les mères sont indignées. Tu n'avais qu'à ne pas laisser traîner tes bijoux.

Marine : Moi, c'est le contraire. Il paraît que je les gâte trop. Lorsque ma belle-fille revient chercher les siens, elle marmonne entre ses dents : « On leur a donné de mauvaises habitudes. » Mais j'ai beau riposter : « La prochaine fois, gardez-les », elle n'en fait surtout rien.

Françoise : Sans compter que, lorsqu'ils font des bêtises, on est plus angoissée que pour ses propres enfants. Une fois, mon petit-fils de trois ans, voulant attraper des cacahouètes que j'avais planquées sur le haut d'une armoire, est monté sur l'évier et a basculé dans la machine à laver le linge, restée ouverte. Le couvercle s'est refermé. J'ai cherché Bertrand pendant une heure comme une folle. J'ai fini par l'apercevoir à travers le hublot, blotti comme un fœtus dans la machine à laver. On nous a amenés à l'hôpital tous les deux, lui pour une radio du crâne, moi pour une dépression nerveuse. Il n'avait rien. J'ai mis trois mois à m'en remettre.

Jeanne : Il faut tout réapprendre. A nouveau, attention à camoufler l'eau de Javel pour qu'ils ne la boivent pas, les clés de la voiture pour qu'ils ne les enterrent pas, les allumettes pour qu'ils ne les craquent pas. Epuisant.

Bernadette : Ce qui est dur, c'est d'avoir quelque part le sentiment de n'avoir pas pu réussir dans sa profession aussi bien qu'on l'aurait pu, à cause de ses enfants. Et, au moment où l'on est enfin disponible pour sa carrière et encore pas trop vieille, crac, il faut remettre ça avec la nouvelle génération. Sinon on passe pour des monstresses.

Jeanne : Oui, c'est là le problème. Nos filles travaillent mais nous aussi. Nous n'avons pas encore lâché le cocotier.

Seule Maria reconnaît que, s'étant consacrée à son foyer, elle adore courir d'un bébé à l'autre. Vous l'écoutez avec admiration. Jusqu'au moment où elle vous avoue qu'elle se couche systématiquement pendant huit jours à la fin des grandes vacances.

Tout cela vous conforte dans l'idée que vous avez raison de repousser à un peu plus tard le moment sacré de vous occuper de vos propres petits-enfants.

Malheureusement, vous avez toujours eu dans la vie un lourd handicap : votre éducation.

Basée fermement sur trois points :

1) Une femme doit être une bonne épouse.
2) Une femme doit être une bonne mère.
3) Une femme doit être une bonne grand-mère.

Avant toute considération professionnelle ou personnelle.

Aussi, malgré vos solides résolutions, vous vous retrouvez un beau matin en train de téléphoner à Fille Aînée que — dans le cadre de l'opération Grand-Mère à l'Essai — vous allez prendre Petit Garçon, seul avec vous, pendant tout le week-end suivant. Inviter aussi Jolie Princesse semble excessif pour une Mamie aussi peu expérimentée que vous.

Justine ne fait aucun commentaire sur votre revirement.

— Je vais lui demander si ça lui convient, répond-elle simplement.

Vous en restez comme deux ronds de flan. Quand vous, ou plus tard vos filles, aviez cinq ans et demi, les enfants allaient là où on les envoyait. Point. Vous entrevoyez à quel point vous êtes une grand-mère peu branchée.

— Il est très content, revient vous annoncer Fille Aînée. Il était même invité chez un petit copain mais il préfère venir chez toi.

Vous ne pouvez vous empêcher de vous sentir flattée.

— Il a ajouté qu'il avait très envie d'aller voir le dernier James Bond.

— Bien, dites-vous, domptée. Et qu'est-ce qu'il aime faire d'autre ?

— Des courses dans les magasins.

Décidément, le dieu du Shopping vous poursuit. Mais vous murmurez :

— Parfait. On fera un petit tour dans quelques boutiques.

Vous ne saviez pas dans quel engrenage vous mettiez les pieds.

Le samedi suivant, vous êtes sur le pied de guerre. Vous avez transformé votre bureau, ex-chambre de jeune fille de Justine, en royaume pour Petit Garçon. Vous êtes inquiète. Allez-vous être à la hauteur ?

Il arrive tout seul.

— Où est ta mère ? demandez-vous.

— Elle m'a déposé en voiture en bas et j'ai monté avec mes pieds, répond-il avec simplicité, je suis trop petit pour prendre l'ascenseur tout seul.

Cette sagesse vous semble de bon augure.

— Où est ton pyjama ?

— Maman a dit que tu m'en achèterais un qui restera toujours chez toi.

— C'est une très bonne idée, dites-vous lâchement. On prendra aussi une brosse à dents et des pantoufles.

Le piège était refermé.

Désormais, un week-end sur deux, votre vie avec Petit Garçon se déroule selon des règles bien établies.

D'abord, le samedi, déjeuner au Mac Donald. Vous êtes enchantée. Vous avez toujours eu une passion perverse pour les hamburgers. Mais vous n'osez habituellement pas vous livrer à votre vice. L'Homme refuse, avec horreur, de vous accompagner. Petite Chérie y va avec ses copains et ne propose pas de vous y traîner. L'arrivée de Petit Garçon résout le problème. Vous dévorez côte à côte, en toute complicité et le plus salement possible, d'énormes Big Macs dont le ketchup dégouline sur vos doigts. Divin.

La dernière bouchée avalée, vous foncez au cinéma voir un de ces films que les critiques parisiens boudent ou méprisent : James Bond, Belmondo, aventures américaines, comédies, etc. Petit Garçon, dès la première image, veut savoir. Qui est le Bon ? Où sont les Méchants ? Vous le renseignez. Quand le Bon a gagné, réconfortés tous les deux par cette vision optimiste de la vie, vous filez dans les magasins.

Fille Aînée ne vous a pas menti. Petit Garçon raffole de faire des courses. Vous supposez que c'est pour cette raison que vous ne revoyez jamais sur lui les vêtements que vous lui avez achetés les semaines précédentes. Que deviennent-ils ? Mystère. Vous avez posé la question à Sébastien. Il est resté très évasif. Mais il vous arrive immuablement vêtu d'un vieux blue-jean effrangé, d'un chandail déchiré et de baskets trop petits... que vous devez remplacer, vous précise-t-il calmement.

C'est Petit Garçon qui choisit lui-même ses costumes. Aucune vendeuse au monde ne parvient à lui imposer quoi que ce soit, alors que le haut de vos armoires est bourré de cochonneries achetées malgré vous. Cela ne risque pas d'arriver à Sébastien. « Ce chandail me gratte », observe-t-il sévèrement. Ou : « J'ai besoin de bottes, pas de ces petites chaussures. » Ou, avec une autorité que vous lui enviez : « Je ne porterai pas ce blouson, j'en veux un bleu doublé de rouge. »

Les vendeuses, domptées par son œil glacial, galopent chercher ce qu'il désire. Ce n'est pas à lui qu'on répond : « Mais cela ne se fait pas cette année ! »

Cependant, Petit Garçon a un gros souci qui l'honore. Est-ce que tu es assez riche pour payer ? vous murmure-t-il, anxieux. En général, vous le rassurez. Sans l'informer que vous choisissez les magasins qui correspondent à votre budget. Un jour, n'y tenant plus, en sortant de la boutique, il vous pose la question de confiance :

— Mamie, est-ce que tu es riche ?

Vous réfléchissez soigneusement avant de répondre :

— Oui, pour une quantité de gens pauvres. Non, pour un certain nombre beaucoup plus riches.

Il digère l'information.

— Est-ce que Machka est plus riche que toi ?

— Qui est Machka ?

— Mon autre grand-mère.

— Et pourquoi l'appelles-tu Machka ?

— Parce qu'elle veut pas que je l'appelle grand-mère, mais par un petit nom.

Pour une fois, vous avez une pensée confraternelle pour Superwoman qui se débat avec son âge. Vous avez constaté vous-même à quel point l'appellation contrôlée de « grand-mère » vieillit. N'avez-vous pas rencontré un journaliste qui, vous apercevant avec Petit Garçon, vous a félicitée d'avoir un enfant si jeune et si charmant ? Ravie de la confusion, vous n'avez pas précisé qu'il s'agissait de votre petit-fils. Malheureusement pour votre coquetterie, Petit Garçon a remis les choses en place rudement.

— Ce n'est pas ma maman, mais ma grand-mère. Et elle ne porte pas le même nom que moi.

Le journaliste, après une seconde d'hésitation, s'est exclamé :

— Incroyable ! Vous, grand-mère ? Personne ne pourrait le croire. Vous vous êtes mariée à seize ans ?

Trop tard ! Vous aviez vu passer dans ses yeux une affreuse lueur de calculatrice de poche et crac ! les dix années envolées un instant de vos épaules vous étaient retombées impitoyablement dessus. Dur quand, ainsi que le dit si bien Anouilh, on se sent toujours une âme de petite fille dans une enveloppe de grand-mère. Mais vous résistez victorieusement à la tentation de vous faire appeler, vous aussi, par un petit nom. Mamie vous êtes, Mamie vous serez. Mais Sébastien n'a cure de vos problèmes d'âge. Il revient à ses soucis financiers :

— Machka a plus d'argent que toi, assure-t-il, elle a le téléphone dans sa voiture et toi pas.

Que la peste emporte Superwoman et son téléphone dans sa voiture.

— Elle en a besoin pour son travail, protestez-vous, agacée. De toute façon, ce qui compte, ce n'est pas d'être « riche » mais de bien gagner sa vie grâce à un travail qui vous plaît. Qu'est-ce que tu comptes faire plus tard ?

— Pâtissier le matin et horloger l'après-midi, répond sans hésiter Petit Garçon.

— Pourquoi, pâtissier ?

— Parce que j'adore les gâteaux au chocolat et que je pourrai en manger autant que je voudrai.

Pour horloger, vous connaissez la réponse. Petit Garçon a la passion des montres. Il en porte trois à ses poignets. Celle de ses parents, celle de Superwoman et la vôtre. Naturellement, celle de Dolly/ Marcelle dite Machka est la plus somptueuse. Avec ordinateur incorporé. Mais Petit Garçon est un fin psychologue. Il ne vous l'a pas fait remarquer. Il ne vous parle, du reste, pratiquement jamais de Superwoman. Qui, soit par jalousie, soit par chantage de Monsieur Gendre, s'est décidée, elle aussi, à jouer son petit rôle de grand-mère. Vous vous livrez sournoisement, toutes les deux, à une farouche compétition. Laquelle sera la meilleure mamie ? Vous savez, par exemple, qu'elle fait de divines tartes aux pommes alors que les vôtres ressemblent à un tas de pâte informe (15 pour elle). Mais qu'elle ignore les vieilles chansons françaises que Petit Garçon adore que vous lui chantiez en voiture (15 partout). Sa maison de campagne comporte une piscine (30 pour elle), mais la vôtre des moutons (30 partout), etc.

Quand vous rentrez tous les deux, chargés de paquets, de votre tournée dans les magasins, Petit Garçon déclare rituellement avec satisfaction : on n'a pas perdu notre temps !

Ce n'est visiblement pas l'avis de Fille Aînée quand son fils lui déballe avec enthousiasme vos achats, le dimanche après-midi. Vous comprenez à son regard fixe que son goût ne correspond pas du tout à celui de son fils ni au vôtre. Vous lui murmurez lâchement que c'est le choix de Sébastien et que vous n'y pouvez rien. Fidèle à son principe d'encourager ses enfants à « se prendre en charge » le plus tôt possible, Justine ne dit rien. Mais vous sentez qu'elle vous trouve, Petit Garçon et vous, très conservateurs. Et qu'elle vous soupçonne d'exercer une mauvaise influence sur son héritier. Cela vous enchante. La vengeance de Mamie.

A peine Petit Garçon est-il rentré et a-t-il déposé ses paquets près de son lit (pour s'endormir en les regardant) qu'il galope ouvrir la télé. Vous vous êtes montrée inutilement anxieuse en vous demandant avec quels jeux vous alliez occuper un jeune monsieur de cinq ans et demi. Vous aviez prévu des billes, des Lego, des crayons de couleur, des boîtes de peinture, des cartes (encore que vous ne connaissiez que la crapette). Sans aucun succès. Petit Garçon adore en priorité absolue la télévision. Et, à la télévision, les publicités. Il les connaît toutes par cœur et en récite le texte à voix haute et avec un sourire charmé. Y compris celles pour les tampax, les déodorants, les colles pour dentiers, les couches pour incontinence du troisième âge. Qui vous donnent mal au cœur mais le ravissent. (Un jour, vous lancerez une campagne contre ces publicités, répugnantes à l'heure des repas.)

Les seules émissions télévisées qui déplaisent à Petit

Garçon sont les informations. La politique, toujours la politique, grogne-t-il.

— Tu dois apprendre à être tolérant, remarquez-vous. Toi, ce qui t'intéresse, c'est la publicité. Moi, la politique. A chacun son truc.

Petit Garçon en convient avec mauvaise grâce. D'autant plus que vous n'avez pas les mêmes opinions, Sébastien reflétant celles de sa mère. Vous en profitez sournoisement pour militer auprès de lui et défendre longuement votre point de vue. Vous devez avoir du succès car Justine vous adresse d'aigres reproches :

— Tu politises mon fils ! Et pas en bien.

— Si tu tiens à ce que je remplisse mon rôle de grand-mère, répondez-vous majestueusement, je dois transmettre mes opinions à mes petits-enfants. Tu fais et dis ce que tu veux chez toi. Je fais et dis ce que je veux chez moi. Les enfants le comprennent parfaitement.

Et Petit Garçon en particulier.

Car, dès le départ de vos relations, il a tenté l'épreuve de force. Pour une vague histoire de pain au chocolat.

— Je raconterai à maman que je ne suis pas content de toi, vous annonce-t-il, elle te grondera.

Mais vous avez déjà eu affaire, dans votre vie, à sa forte tête de mère.

— Vous pouvez rentrer chez vous tout de suite et cafter, je ne vous retiens pas, jeune homme, avez-vous répondu fermement.

Petit Garçon a hésité.

— Si je reste, je ferai plein de bêtises qui te rendront folle.

Vous êtes allée chercher une vieille canne dans le pot à parapluies.

— En ce cas, je regretterai de devoir donner quelques coups sur ton joli petit derrière. Je suis une très méchante Mamie à l'ancienne qui a horreur des petits messieurs mal élevés. Compris ?

— Compris, a dit Sébastien.

Depuis, les choses sont claires : c'est vous la patronne.

Petit Garçon adore non seulement la télévision, mais les films au magnétoscope qu'il sait manipuler mieux qu'un ingénieur japonais. Enregistrer, programmer, visionner, arrêter sur l'image, il s'en acquitte infiniment mieux que vous. Vous le retrouvez parfois, le dimanche matin, s'il se réveille plus tôt que vous, en train de regarder avec ravissement un film du *Cinéma de minuit*.

— Ah non ! Pas de télévision dès le matin, vous écriez-vous. (Encore un de vos bons vieux principes dont vous ne pouvez vous défaire.) Et puis je ne suis pas sûre que ce film convienne à ton jeune âge.

Petit Garçon soupire.

Et se résigne à exécuter une série de dessins qu'il vous vend ensuite avec un talent extraordinaire : « T'as vu, c'est beau, non ? Superbe ! Et regarde les couleurs de celui-ci ! Magnifique !... » Vous devez discuter âprement les prix de votre Picasso en herbe.

Un jour, Sébastien vous apporte gentiment votre petit déjeuner au lit. Ce qui ne vous est pas arrivé depuis longtemps, trop longtemps. Vous le remerciez avec émotion. Tout en lui faisant part de votre étonnement d'avoir du thé froid. Est-ce une recette personnelle ?

— Tu ne me permets pas d'allumer le gaz pour faire chauffer l'eau, vous reproche-t-il sévèrement.

Une des occupations préférées de Petit Garçon consiste à répondre au téléphone. Il galope pour arriver le premier à l'appareil, battant au sprint Joséphine, furieuse.

— Allô ! hurle-t-il dans le récepteur. Qui c'est, à l'appareil ? Non, je ne suis pas un monsieur, je suis un petit garçon !

Et il raccroche, indigné. Toute la famille l'interroge. Qui était-ce ? Un crocodile, répond-il froidement. Mais à qui ce crocodile voulait-il parler ? Mystère. Drame avec Petite Chérie. Elle attendait le coup de téléphone le plus important de sa vie. « Mais tout le monde s'en fout, ici ! »

Les rapports entre Joséphine et Sébastien sont orageux. Ce dernier saisissant toutes les occasions pour lui faire remarquer ses erreurs.

— Mamie dit toujours : « Eteins la lumière, évite le gaspillage » et toi tu laisses allumées toutes les lampes de ta chambre.

Joséphine, avec hauteur :

— Mêle-toi de ce qui te regarde, affreux petit crétin.

Mais l'affreux petit crétin ne se laisse pas impressionner. Un matin, il s'approche de sa jeune tante en train de se maquiller avec passion devant sa glace. Et il lui envoie une claque sur les fesses.

— Beau cul, apprécie-t-il.

Petite Chérie manque d'en avaler son rouge à lèvres.

— A cinq ans et demi, c'est déjà un voyou ! hurlet-elle. La prochaine fois, je lui fous une claque dont il se souviendra.

Vous calmez votre cadette. Vous supposez, vous espérez que Petit Garçon s'est contenté d'imiter un geste de son père envers Fille Aînée.

Mais c'est vrai que Sébastien se comporte parfois comme un vil séducteur.

Vous êtes en train de ranger votre armoire à pharmacie, où — votre cas est-il spécial ? — les médicaments changent perpétuellement de place sans vous prévenir, quand Petit Garçon vient se planter droit devant vous.

— Comme tu as de beaux yeux, Mamie ! s'exclamet-il avec enthousiasme.

Le compliment vous enchante. Quel adorable petit-fils vous avez là ! Et intelligent. Trop, peut-être. Une sonnette d'alarme retentit dans votre tête. Voyons, qu'est-ce que Fille Aînée vous a susurré à ce propos ? Ah ! ça y est ! « Le jour où Sébastien te dira que tu as de beaux yeux, méfie-toi. Il aura commis une énorme bêtise. Il me fait le coup à chaque fois. »

— Sébastien, criez-vous, dis-moi immédiatement...

— Ce n'est pas moi, proteste-t-il, mais l'eau du bain qui a débordé.

Sur les meubles anciens de l'antiquaire du dessous. Les compagnies d'assurances se battront deux ans pour évaluer les dégâts.

Le temps passe. Vous êtes en train de devenir lentement une grand-mère à peu près convenable. Petit Garçon entre à l'école et vous arrive désormais avec des livres de classe et des cahiers. Et votre dimanche après-midi est gâché, comme depuis vingt ans, par l'Education nationale. Vous retrouvez votre vieille ennemie : la lecture globale.

Petit Garçon (penché sur son livre de lecture, ânonnant) : « La petite fille grimpe le long de la tige d'haricot... »

Il s'arrête.

— Impossible. Une petite fille ne peut pas grimper le long d'une tige d'haricot.

— Mais c'est un conte, mon chéri, ce n'est pas vraiment un haricot.

— Alors, pourquoi on l'appelle haricot ?

Parce que les membres de l'Education nationale sont des ânes qui feraient bien de brouter leurs propres papilionacées.

Petit Garçon (reprenant sa lecture) : « Le bébé est dans la théière... »

— Non, Sébastien, relis : tu as dû te tromper.

— Pas du tout.

Il a raison.

Quel est le fou qui invente de telles phrases ?

Voyant votre fureur, Petit Garçon tente de vous calmer :

— Peut-être le bébé est tout petit et la théière normale ou alors le bébé normal et la théière très très grande.

Il reprend sa lecture : « Le petit frère de Fanny glane du blé que son papa coupe à la faucille. »

Vous ne voyez plus personne glaner dans les campagnes mais probablement les auteurs de ce texte fascinant n'y ont jamais mis les pieds et ignorent l'usage de la moissonneuse-batteuse.

Aussi, quand ses parents viennent chercher Petit Garçon, vous vous plaignez à Fille Aînée. Ne peut-on vous épargner la vue d'un livre scolaire ? Mais Justine se montre implacable.

— Et encore, remarque-t-elle, je me charge moi-même des tables de multiplication. Le système pour apprendre à les apprendre est plus compliqué que de les apprendre.

Vous espérez qu'on réformera les réformateurs avant que tous les écoliers de France soient devenus illettrés et incapables de faire une addition.

Quelquefois, c'est l'Homme qui raccompagne Petit Garçon chez lui.

Les relations de Petit Garçon avec l'Homme sont empreintes d'une crainte affectueuse. Surtout depuis le jour où ce dernier a oublié son petit-fils à l'épicerie de votre village du Lot, repartant distraitement en voiture sans lui, journal acheté. Petit Garçon est rentré calmement à pied. Vous étiez si inquiète que vous avez déversé des vertes et des pas mûres sur la tête du grand-père. Petit Garçon prit sa défense avec magnanimité.

— Ne l'attrape pas, vous reprocha-t-il, tu sais bien qu'il est très vieux.

— Comment ça ? Je ne suis pas si vieux ! cria l'Homme.

— Je croyais que tu avais fait TOUTES les guerres, remarqua Petit Garçon.

— Non, dit l'Homme, une seule et c'est déjà assez. Sans compter la guerre conjugale.

Et il sortit en claquant la porte.

Petit Garçon vous regarda avec curiosité.

— Quand tu t'es mariée, tu croyais qu'il était plus gentil, hein ?

— Il a ses bons côtés, lui assurez-vous.

— Est-ce qu'il a un cœur d'amour ?

— Qu'est-ce que c'est ?

— Un cœur tout rouge comme celui de papa qui bat pour maman.

— Je suppose que ton grand-père a aussi un cœur d'amour bien qu'il n'aime pas le montrer.

— Et une conscience ?

— Une conscience également. Enfin, je l'espère.

Petit Garçon est souvent tracassé par sa conscience, ce qui est tout à son honneur. Il vous en parle, la décrivant comme Jiminy Criquet suivant Pinocchio pour l'empêcher de faire des bêtises. Mais le Jiminy Criquet de Petit Garçon est particulièrement bienveillant :

— Qui t'a permis de manger trois chocos à 11 heures du matin, Sébastien ?

— Ma conscience ! s'exclame-t-il avec beaucoup de naturel.

Les grands problèmes n'effraient pas Petit Garçon.

— Tu crois que Dieu existe ? vous demande-t-il à brûle-pourpoint, alors que vous jetez du sel dans l'eau des nouilles.

Vous croyez vous en tirer par une boutade.

— Dieu, je ne sais pas. Le diable, sûrement.

Petit Garçon ne partage pas votre avis.

— Penses-tu ! Le diable, c'est comme le père Noël. Un beau jour, on découvre que c'est les parents.

— Et le bon Dieu, alors ? C'est papa ?

Petit Garçon hésite.

— Oui, c'est papa, murmure-t-il avec adoration.

Vous l'embrassez. Viendra bien assez vite le temps où un Sébastien adolescent traitera Dieu de vieux con.

Petit Garçon fait désormais partie de votre vie à Paris. Vous prenez une grande décision. Vous allez l'emmener en vacances pour mardi gras dans le Lot, seul avec vous. L'Homme a trop de travail pour vous accompagner. Joséphine file faire du ski.

Vous êtes prise d'un scrupule. Ne va-t-il pas s'ennuyer sans un petit copain de son âge? Vous lui proposez d'en amener un. Il réfléchit, la tête penchée.

— David, peut-être, suggère-t-il, personne ne veut jamais l'inviter.

— Tiens, et pourquoi?

— Il a des poux.

Vous ne retenez pas un cri d'horreur. Vous ne voulez pas être responsable de l'invasion du Sud-Ouest de la France par les poux du jeune David.

— Surtout que ses poux font beaucoup de gymnastique sur sa tête, confirme Petit Garçon, il se gratte tout le temps.

— Tu n'as pas un autre copain? demandez-vous fermement.

— Si, Polo. Mais il ne connaît pas les petits mots magiques que tu aimes!

— Lesquels?

— S'il te plaît, merci, pardon…, enfin, tu sais.

— C'est embêtant, concédez-vous, je suis une Mamie qui tient beaucoup aux petits mots magiques.

— En plus, tu vas être FURIEUSE. C'est un cochon à table. Il mange avec ses doigts et les essuie avec la nappe.

Vous demandez à Fille Aînée des renseignements supplémentaires sur le dénommé Polo.

— C'est le petit garçon du dessous. Au dernier goûter d'anniversaire de Sébastien, il est monté sans être invité. Et il est resté. Comme personne ne venait le chercher, je lui ai donné son bain et son dîner. J'ai fini par découvrir à 9 heures du soir qui il était. Sébastien l'adore. Il l'a déjà emmené chez ma belle-mère.

— Et alors?

— Il est monté sur le toit de la maison avec un kilo de bananes dont il a jeté les épluchures dans tout le jardin. Et il a fait des trous dans les plates-bandes avec la louche en argent. Je ne te parle pas du drame.

Vous ne pouvez vous empêcher d'être enchantée en imaginant la tête de Superwoman/Dolly/Marcelle/ Machka aux prises avec un si charmant bambin. Mais vous faites part prudemment à Petit Garçon de votre désir de le voir emmener un autre compagnon. Il reste perplexe. Peut-être Jacques ?

— Mais tu sais, Mamie, il est TERRIBLE, lui aussi ! Tellement que ses parents ne peuvent pas divorcer à cause de lui. Aucun des deux ne veut le garder.

Vous finissez par décider, d'un commun accord, de partir seuls. Et vous revoilà dans le flot des grandes migrations saisonnières, dans un avion bourré d'enfants portant des étiquettes sur l'estomac. Vous qui vous étiez juré de voyager en dehors des mouvements de foule — dès la fin de la scolarité de Petite Chérie —, vous voilà réabonnée aux départs et retours en masse.

Vos quelques jours de vacances avec Petit Garçon se déroulent délicieusement. Personne pour vous embêter l'un et l'autre. Vous vous bourrez de hamburgers surgelés, de gâteaux au chocolat, de coca-cola. Vous regardez paisiblement ensemble le soir *Dallas*, sans être en butte aux sarcasmes de Fille Aînée et de Petite Chérie réunies. Et plein de vieux westerns que vous adorez. Encore que les cow-boys attrapant les taureaux au lasso commencent à lasser Sébastien. Les Espagnols font ça avec des serviettes rouges, remarque-t-il, blasé.

Petit Garçon passe ses journées à surveiller les moutons et à grimper sur le tracteur du voisin.

— Il m'a dit que j'étais un vrai ouvrier agricole, vous apprend-il, ravi. Est-ce que tu vas me payer ?

Pour ne pas avoir d'histoires avec le syndicat, vous convenez d'un minimum de deux francs par heure et Petit Garçon — grâce à ses trois montres — consigne scrupuleusement son temps de travail dans un petit carnet spécial.

Bref, vous vivez très heureux tous les deux.

Et avec la Petite Souris.

Qui va venir chercher sous l'oreiller la dent que Petit Garçon a perdue en grignotant un rond de saucisson.

— Combien va-t-elle me donner ? demande-t-il.

— Cinq francs, je pense.

— Ce n'est pas une petite souris très généreuse, observe Sébastien. Dix francs, ce serait mieux.

— Je pense que ta vocation est d'être ministre des Finances plutôt que pâtissier, ripostez-vous, indignée.

Mais, si Petit Garçon est âpre au gain, il sait dépenser généreusement. Il réunit ses économies pour acheter une carte avec un cœur et un paquet de chewing-gum sans sucre, pour votre anniversaire. Car vous avez décidé de le fêter avec lui. Vous mettez votre plus belle robe, vous vous maquillez, vous commandez un beau gâteau chez le boulanger, vous allumez des bougies et vous débouchez une bouteille de Blanquette de Limoux. Que vous buvez joyeusement tous les deux.

— Mamie était paf ! téléphone-t-il, enchanté, le lendemain, à sa mère. Qu'est-ce qu'on a rigolé ! Tellement qu'elle a pas pu souffler toutes ses bougies d'un seul coup ! Mais qu'est-ce qu'il y en avait !

Quand vous rentrez à Paris, vous êtes devenus un vieux couple. Dès l'aéroport, Petit Garçon l'annonce à sa mère :

— J'ai passé de très bonnes vacances chez Mamie. J'y retournerai en juillet avec Isaure.

— Qui est Isaure ? demandez-vous.

— Ma petite copine. On est en amour, tous les deux.

— Ah ! Et quel âge a-t-elle ?

— Elle est vieille : elle a sept ans.

— Elle est bien trop vieille pour toi, dites-vous, furieuse. De toute façon, tu n'amèneras tes petites amies chez moi que quand tu seras beaucoup plus grand.

Le serpent de la jalousie venait de vous mordre au cœur.

Un jour en semaine. On frappe à votre porte d'entrée. De très légers coups. Vous supposez qu'il s'agit là d'une nouvelle technique de l'I.F.O.P.

Non.

Sur le paillasson, Petit Garçon, le bonnet en bataille,

le manteau boutonné de travers, transportant un énorme cartable.

— Je viens vivre avec toi, vous annonce-t-il. Là-bas, ILS ne s'occupent que de Jolie Princesse.

— C'est parce qu'elle est petite. On s'occupe toujours plus des bébés incapables de se débrouiller tout seuls que des petits garçons très malins.

Cela ne désarme pas la colère de Petit Garçon.

— Ils n'arrêtent pas de lui faire des compliments, avoue-t-il, amer.

— Les filles adorent les compliments. Tu apprendras cela plus tard.

— Moi, je ne veux plus entendre parler de ses jolis yeux bleus. Et patati et patata. Moi, on ne me parle jamais de mes jolis yeux bleus.

— Parce qu'ils ne sont pas bleus, mais verts. En fait, jeune homme, vous avez les plus magnifiques yeux verts que je connaisse.

Devant le compliment, Petit Garçon a un moment de faiblesse. Il sourit et deux adorables fossettes apparaissent. Mais il se reprend :

— Je ne veux jamais LES revoir. Ils l'ont emmenée dîner au restaurant chinois avec eux, samedi dernier, quand j'étais chez toi. Moi, jamais.

— Est-ce qu'elle a mangé de la cuisine chinoise ? demandez-vous avec intérêt.

Petit Garçon hoche négativement la tête.

— Elle en est encore à ses cochonneries de purées.

— Alors, il n'y a que demi-mal, affirmez-vous.

Mais Petit Garçon a hérité de sa mère et de vous un entêtement de mule.

— Ils l'appellent Jolie Princesse alors que c'est une petite fille très laide. Est-ce que c'est vraiment une princesse ?

— Pour une mère, ses enfants sont toujours des princes et des princesses.

— En tout cas, elle ne fait pas des dessins comme moi pour maman, pour la fête des Mères. Si c'est comme ça, je vais tous les reprendre.

— Un homme élégant ne reprend jamais ses cadeaux, dites-vous fermement.

— Est-ce que je peux venir quand même chez toi ? reprend-il, un peu inquiet. J'ai apporté tous mes tee-shirts, mes slips et du sucre pour toi.

— Merci. Le sucre, c'est toujours utile.

Pour le reste, vous lui proposez d'en discuter devant un bon goûter avec chocolat chaud, tartines grillées, beurre et miel. Sa folie. Il ne résiste pas. Et s'installe gaillardement dans la cuisine.

Vous vous précipitez pour téléphoner en douce à Fille Aînée qui sanglote au bout du fil. Voilà une heure que je fouille le quartier avec sa maîtresse d'école et Louis qui est rentré de son travail comme un fou. Nous allions téléphoner aux hôpitaux et au commissariat de police. Une fugue, si petit ! Et pourquoi ?

— Un accès de jalousie. Un trait de caractère bien familial.

— Pourtant, il était ravi de la naissance de Jolie Princesse. Quand je suis partie à la clinique, il m'a recommandé de ne pas m'inquiéter. Si je mourais, il me ferait embaumer comme les Egyptiens.

— C'est un jeune homme qui pense à tout, approuvez-vous.

— Et quand je suis revenue de la clinique avec Emilie, il a surtout été déçu que je ne sois pas dans un fauteuil roulant qu'il puisse pousser. Depuis, jamais il n'a jamais semblé prendre ombrage de sa sœur.

— C'est aussi un petit monsieur plus tendre et inquiet qu'il n'en a l'air, soupirez-vous, comme beaucoup de messieurs plus vieux.

Les retrouvailles de Sébastien et de sa mère furent émouvantes. Fille Aînée pleurait toujours et Petit Garçon éclata en sanglots. Ils se jetèrent dans les bras l'un de l'autre et s'embrassèrent follement. Armée d'un torchon, vous avez nettoyé deux visages marbrés de chocolat, de beurre et de miel. Puis ils vous ont quittée, enlacés, sans vous regarder.

Jolie Princesse fut désormais appelée Emilie comme

tout le monde et Sébastien solennellement invité au restaurant chinois par ses parents. Il en revint fort déçu. Les pâtés impériaux n'avaient pas le goût sublime du hamburger et les pousses de soja ressemblaient à d'affreux vers blancs.

Le fait que vous ayez été choisie comme refuge en cas de crise vous a fortement émue. Vous en concevez même une grande fierté jusqu'au jour où vous entendez Petit Garçon dire à son copain David (débarrassé de ses poux) :

— Moi, j'aime ma Mamie parce qu'elle a une grosse poitrine, c'est confortable.

A quoi tient l'amour! Pour une fois, vous bénissez vos sept kilos de trop. Apparemment, ils font de vous une Mamie à part entière.

1 *bis*

Vous êtes en train de regarder le film du dimanche soir. L'Homme est en voyage d'affaires sans sa secrétaire ni son inspecteur du fisc. Du moins, vous l'espérez.

Bruit de la porte d'entrée qui s'ouvre violemment. Appel du bébé mammifère : MAMAAAAANNNNN ! Vous piaillez, en retour, le cri de la mère mammifère : OUIIIIIIIII !...

Petite Chérie revient d'un week-end chez sa copine Laurence. Ce subit amour de la campagne vous a bien un peu étonnée. Mais Joséphine vous a fait remarquer que le bon air normand oxygénerait son cerveau abruti par la préparation intense du bac. Vous vous êtes inclinée avec respect devant une telle sagesse.

La porte du salon s'ouvre.

Petite Chérie passe la tête.

Une tête radieuse.

Cela vous frappe immédiatement.

— Y a Pierre-Henri qu'est là.

Le dénommé Pierre-Henri entre, titubant sous le poids des sacs de Joséphine qui a cru bon d'emporter pour trente-six heures le contenu de son armoire. Elle vous désigne le malheureux d'un air enchanté et déclare à toute vitesse :

— Pierre-Henri m'a appris, hier, le service-canon. Terrible. Il prépare son droit pour-faire-plaisir-à-ses-

247

parents mais il veut être joueur de tennis. Il dit que Mac Enroe, Connors et Lendl, c'est fini.

Le futur Borg français contemple Petite Chérie avec un sourire ravi et, à votre avis, légèrement niais.

— Aâââââââbsolument, confirme-t-il.

— Aâââââââbsolument, répète Joséphine.

Avec un regard que vous reconnaissez.

Petite Chérie est FOLLE AMOUREUSE.

D'un Comanche-de-la-tribu-distinguée-des-joueurs-de-tennis-look-Lacoste.

Et voilà ! Vous êtes bonne pour des conversations sans fin sur le lob lifté, le tie-break, le coup droit, le smash du coude gauche et autres fascinantes techniques dont Joséphine ne soupçonnait pas l'existence trente-six heures auparavant. Vous pouvez parier que votre télévision va être bloquée par la retransmission de tous les grands tournois : Wimbledon, Roland-Garros, Flushing-Meadows, coupe Davis, les Cinq Nations (non, ça, c'est du rugby ?). Voyons, Joséphine, il est horriblement tard. Voilà cinq heures que tu regardes l'écran, la bouche ouverte et les yeux roulant comme une balance d'horloge ancienne. Mais, maman, tu ne te rends pas compte, c'est sublime. L'achat d'une raquette de tennis et d'un équipement complet vous pend au nez — sans oublier le bandeau éponge et le bracelet absorbeur de chocs. (C'est un cadeau en avance sur mon prochain anniversaire, hein, ma-maman ?) Ce qui ne vous déplaît pas car vous regrettez inlassablement le manque de goût sportif de Petite Chérie. Mais vous craignez que ses performances ne consistent surtout à regarder avec adoration l'Elu courir après ses baballes. En attrapant, elle, des bronchites dans la froidure des courts.

Mais là n'est pas votre pire souci.

A quatre mois du bac, c'est reparti pour...

... le scenic railway de la séduction,

... la navigation agitée sur la Rivière enchantée,

... la Grande Roue de la passion,

... les autos tamponneuses avec les parents,

... peut-être, hélas, les cris de la rupture dans la Maison hantée
... et, en tout cas, les études dans le toboggan.

Entrez ! Entrez ! La séance va recommencer.

Littérature

Cette collection est d'abord marquée par sa diversité : classiques, grands romans contemporains ou même des livres d'auteurs réputés plus difficiles, comme Borges, Soupault. En fait, c'est tout le roman qui est proposé ici, Henri Troyat, Bernard Clavel, Guy des Cars, Frison-Roche, Djian mais aussi des écrivains étrangers tels que Colleen McCullough ou Konsalik.

Les classiques tels que Stendhal, Maupassant, Flaubert, Zola, Balzac, etc. sont publiés en texte intégral au prix le plus bas de toute l'édition. Chaque volume est complété par un cahier photos illustrant la biographie de l'auteur.

CLAVEL Bernard (suite)	Le Royaume du Nord :
	- Harricana 2153/4
	- L'Or de la terre 2328/4
	- Miséréré 2540/4
	- Amarok 2764/3
	- L'angélus du soir 2982/3
	- Maudits sauvages 3170/4
CLOSTERMANN Pierre	Le Grand Cirque 2710/5
COCTEAU Jean	Orphée 2172/2
COLETTE	Le blé en herbe 2/1
COLLARD Cyril	Les nuits fauves 2993/3
COLOMBANI M.-F.	Donne-moi la main, on traverse 2881/3
COMPANEEZ Nina	La grande cabriole 2696/4
CONNELL Evan S.	Mr. et Mrs. Bridge 3041/8
CONROY Pat	Le Prince des marées 2641/5 & 2642/5
	Le Grand Santini 3155/8
COOPER Fenimore J.	Le dernier des Mohicans 2990/5
COOPER Mary Ann	Côte Ouest 3086/4
CORMAN Avery	Kramer contre Kramer 1044/3
	50 bougies et tout recommence 2754/3
COUSTEAU Commandant	Nos amies les baleines 2853/7 Illustré
	Les dauphins et la liberté 2854/7 Illustré
	Un trésor englouti 2967/7 Illustré
	Compagnons de plongée 3031/7 Illustré
CUNY Jean-Pierre	L'aventure des plantes 2659/4
DAUDET Alphonse	Tartarin de Tarascon 34/1
	Lettres de mon moulin 844/1
DAVENAT Colette	Daisy Rose 2597/6
	Le soleil d'Amérique 2726/6
DHÔTEL André	Le pays où l'on n'arrive jamais 61/2
DICKENS Charles	Espoir et passions (Un conte de deux villes) 2643/5
DICKEY James	Délivrance 531/3
DIDEROT Denis	Jacques le fataliste 2023/3
DJIAN Philippe	37°2 le matin 1951/4
	Bleu comme l'enfer 1971/4
	Zone érogène 2062/4
	Maudit manège 2167/5
	50 contre 1 2363/3
	Echine 2658/5
	Crocodiles 2785/2
DORIN Françoise	Les lits à une place 1369/4
	Les miroirs truqués 1519/4
	Les jupes-culottes 1893/4
	Les corbeaux et les renardes 2748/5
	Nini Patte-en-l'air 3105/6
DUBOIS Jean-Paul	Tous les matins je me lève 2749/3
DUFOUR Hortense	Le Diable blanc (Calamity Jane) 2507/4
	La garde du cocon 2765/4
	Le château d'absence 2902/5
DUROY Lionel	Priez pour nous 3138/4
DYE Dale A.	Platoon 2201/3 Inédit

2043

Impression Brodard et Taupin
à La Flèche (Sarthe) le 2 mars 1992
1890F-5 Dépôt légal mars 1992
ISBN 2-277-22043-4
1er dépôt légal dans la collection : août 1986
Imprimé en France
Editions J'ai lu
27, rue Cassette, 75006 Paris
diffusion France et étranger : Flammarion